스리랑카,
행복의 씨앗을 품다

스리랑카, 행복의 씨앗을 품다

발행일	2015년 7월 13일

지은이	김 주 영		
펴낸이	손 형 국		
펴낸곳	(주)북랩		
편집인	선일영	편집	서대종, 이소현, 이은지
디자인	이현수, 윤미리내, 임혜수	제작	박기성, 황동현, 구성우, 이탄석
마케팅	김회란, 박진관, 이희정		
출판등록	2004. 12. 1(제2012-000051호)		
주소	서울시 금천구 가산디지털 1로 168, 우림라이온스밸리 B동 B113, 114호		
홈페이지	www.book.co.kr		
전화번호	(02)2026-5777	팩스	(02)2026-5747

ISBN 979-11-5585-669-7 03330 **(종이책)** 979-11-5585-670-3 05330 **(전자책)**

이 도서의 국립중앙도서관 출판예정도서목록(CIP)은 서지정보유통지원시스템 홈페이지(http://seoji.nl.go.kr)와
국가자료공동목록시스템(http://www.nl.go.kr/kolisnet)에서 이용하실 수 있습니다.
(CIP제어번호 : CIP2015018482)

국제노동기구의 스리랑카 산재보험 도입지원기

스리랑카,
행복의 씨앗을 품다

김주영 지음

따뜻한 가슴으로 세상을 품을 이들과 **나누고 싶은 이야기**
"빨리 가려거든 혼자서 가고 멀리 가려거든 같이 가라."

북랩 book Lab

감사의 글

먼저, 내가 근무하고 있는 직장인 근로복지공단에 감사를 표하고 싶다. 산재보험 등의 사회보장분야에서 10년 넘게 근무하며 스리랑카 프로젝트 수행이 가능하도록 관련 분야의 전문 역량을 키울 수 있게 해 주고 국제노동기구(ILO) 파견 근무를 할 수 있도록 해 준 근로복지공단 임직원 모든 분들께 깊은 감사를 전하고 싶다. 근로복지공단에서 2005년부터 아시아 개도국을 대상으로 한국–국제노동기구 협력 사업의 일환으로 매년 개최해온 산재보험 초청연수는 스리랑카의 관련 이해 당사자들의 산재보험 이해도를 높이는 데 기여하여 스리랑카 프로젝트에 많은 도움을 주었다.

다음으로, 제가 국제노동기구에서 근무하며 스리랑카 산재보험 도입 기술지원 프로젝트를 수행하는 과정에서 당시 국제노동기구에서 한국-국제노동기구 협력사업 조정관으로 근무하시며 나의 프로젝트를 적극적으로 지원을 해 주신 고용노동부 김환궁 과장님, 스리랑카 산재보험 제도설계 및 재정추계를 위한 연구용역 등을 열정적으로 수행해주신 연세대학교 김진수 교수님, 스리랑카 노사정 합의를 이끄는 논리적 도구로 사용된 '산재예방과 보상보험과의 연계'에 관한 나의 연구에 많은 조언을 주셨던 한국산업안전공단 박정근 박사님, 태국에서 당시 근무하시며 나의 고민과 고충을 많이 들어 주시고 아낌없는 격려와 도움을 주셨던 한국산업인력공단 이동언 국장님께 진심 어린 감사를 드린다.

또한 제가 스리랑카 프로젝트를 시작하고 진행할 수 있도록 도와 준 국제노동기구의 발레리 슈미트(Valerie Schmitt), 마르크스 럭(Markus Ruck), 빌 솔터(Bill Salter), 동린 리(Donglin Li), 프라모(Pramodimi Weerasekera)에게도 감사를 표하고 싶다. 덧붙여, 스리랑카의 관련 주요 정책결정자로 프로젝트를 지원하고 시기적절한 정책적 판단을 내려 준 스리랑카 노동부 차관 우팔리 위자야위라(Upali Wijayaweera)에게 깊은 감사를 드리고 싶다.

그리고 원고 초안 검토 과정에서 많은 전문적 조언을 해 주었던 친구이자 직장동료인 조형규, 이 책이 출간될 수 있도록 귀중한 정보를 제공하고 실질적 지도를 해 준 대학동문이자 나의 영원

한 친구인 이장수에게 고마움을 전하고 싶다.

마지막으로, 프로젝트 수행과정에서 나와 외국에서 고생하며 불평 한마디 하지 않고 내조를 해 주었던 아내 성민씨와 어린 나이에 외국에서의 낯선 환경에 적응해야 했지만 잘 이겨준 민주, 주원이 그리고 무한한 신뢰를 가지고 아들을 항상 지켜봐 주시는 어머니께 이 책을 바치고 싶다.

그 밖에 여기에서 언급하지 않았지만, 많은 도움을 주신 모든 분들께 고마움을 표한다.

2015년 여름

김주영

프롤로그

　글을 쓴다는 것은 참으로 어려운 작업이다. 머릿속의 생각과 경험을 문자화시키는 것일진대, 여러 번 고쳐 써 봐도 나의 의도가 완벽히 반영되기는 불가능한 것 같다. 하물며, 내가 쓴 글을 읽는 사람들은 어떻겠는가? 독자에게 무한한 인내와 이해를 요구하는 무례함을 범하는 것이라고 생각된다.

　그럼에도 내가 이 책을 쓰게 된 이유는 지난 3년 동안 국제기구에서 스리랑카를 대상으로 산재보험 도입을 위한 기술지원 프로젝트를 수행했던 경험을 바탕으로 도움이 필요한 국가를 왜 도와줘야 하고, 또 어떻게 도와줬는지를 독자들과 공유하고 싶었기 때문이다. 또한 한 국가에 새로운 제도를 도입시켜 주는 것이 얼마나 어려운 작업인지, 평범한 내가 열정과 주위의 도움으로 이룬 스리랑카 산재보험 도입을 기록으로 남기고자 함이었다. 이를 통해 그때의 나와 비슷한 일을 하는 사람들은 지금 하는 일에 참고할 수 있고, 국제사회가 국제기구를 통해서 혹은 국가 간 협력을 통해 어떻게 서로 도움을 주고 있는가에 대한 일반 독자들의 이해도를 높여 줄 수 있을 것이라는 생각이 들었다.

먼저, 우리나라도 먹고살기 넉넉하지 않은데, 왜 다른 나라가 발전하도록 도와주는가 하는 의문을 가지는 분들이 많을 것 같다. 다른 나라를 도와주는 것은 결국에는 국익으로 귀결되는 전략적인 이유에서 출발할 수도 있지만, 적지 않은 경우는 국제사회에 기여하려는 대의적인 의도에서도 시작된다. 이는 과거 열강들의 식민지 쟁탈로 얼룩졌던 제국주의로 결국 1, 2차 세계대전을 겪게 되었고, 국제 사회가 다 같이 발전하는 것이 필요하다고 깨달았기 때문이라는 생각도 든다.

이러한 지원은 유상원조 혹은 무상원조를 통해서 이루어지며, 내가 경험한 일들은 무상원조에 속하는 기술지원 활동이었다. 개발도상국이 필요로 하는 분야에 기술적인 지원을 해 주어 그 국가가 제도를 도입하거나 발전시키는 데 공헌하는 것이다.

기술지원을 통해 국제사회에 기여하시는 분들은 개발도상국들을 위해 다양한 분야에서 여러 가지 의미 있는 일을 하시고 있다. 그분들과 비교하여 내가 수행했던 기술지원이 차이를 가질 수 있는 것은 한 국가의 노사정 대화 채널을 사용하여 제도에 대한 이해도를 높이고, 제도 설계를 해 주며, 주된 이해 당사자가 제도를 도입하는 데 동의하도록 끊임없이 인내를 가지고 설득해 왔다는 것이다.

덧붙여, 독자들이 이 글을 읽기 전에 드리고 싶은 마지막 부탁은 한 개인이 아닌 여러분들의 열정 어린 참가와 협조를 통해 외국의 한 나라를 상대로 산재보험 제도 도입이라는 일을 이룬 점에 관심을 가져 달라는 것이다. 나는 이 프로젝트를 수행하기 전에도 평범했고, 지금도 평범한 사람이지만, 프로젝트를 수행하기 전에 가졌던 두려움과 걱정을 열정과 주위의 도움으로 이겨내고 의미 있는 일을 이루어 냈다고 생각한다. 지금도 여러 분야에서 도움이 필요한 국가들을 위해서 현장에서 고민하고 분투하고 계실 분들이 많을 것으로 생각되며 그분들께 격려와 응원을 보내 드리고 싶다.

스리랑카에서의 마지막 출장을 마치고 오늘 돌아왔습니다. ILO를 떠나기 전의 마지막이며 의미 있는 출장이었습니다. 지난 3년 동안 스리랑카의 산재보험 도입을 위해 애썼던 많은 기억들이 주마등처럼 지나가네요. 평생 잊지 못할 소중한 경험과 추억으로 남아 있을 듯합니다. 스리랑카 노동부 차관실에서 개최된 노사정 대표자 미팅은 그동안의 작업들을 정리하여 정책 제안과 함께 공식적으로 정부에 전달하는 자리였습니다. 차관님이 회의를 종료하며, 이제 그동안의 노사정 대화를 이제 정리하여 구체적으로 진행 방향을 마련하자고 했고, 도입하는 것으로 가닥을 잡았습니다. 스리랑카는 말레이시아의 모델처럼 업무상 재해와 비업무상 재해를 동일한 기관에서 사회보장해주는 시스템으로 나아가기로 했습니다. 한국적 모델을 제시했다가 시행착오를 겪으며, 문화적 · 법률적 배경이 비슷한 말레이시아의 모델을 채택하도록 도와주었습니다. 3년 동안의 기술지원을 통해, 일반적 사회보장 내용을 토대로 그 나라에 가장 적합한 구체적인 모델을 설계해 주어야 한다는 교훈을 배울 수 있었습니다. 내년부터 준비하여 스리랑카가 가까운 미래에 산재보험을 도입했다는 소식을 제가 ILO를 떠나더라도 한국에서 들을 수 있었으면 좋겠습니다. 돌이켜 보면, 제가 스리랑카에 3년 동안 기술지원에 매진할 수 있었던 힘은 이전 10년 동안 한국에서 사회보장의 각 분야 실무를 현장에서 직접 해 보며 얻었던 살아 있는 경험들에서 나온 것 같습니다. 곧 한국으로 귀국하지만, 스리랑카는 저에게 제2의 고향으로 영원히 남아 있을 것입니다."

2013년 12월 21일
스리랑카 출장을 마치고 돌아와서 페이스북에 올린 글

차례

1

지난
시간을
돌아보며

　"첫 연구용역 결과가 나온 이후로부터 이제까지 2년의 시간
을 보냈습니다. 스리랑카에 산재보험을 도입하기 위해 그동안 충
분한 검토가 이루어졌고, 스리랑카의 주된 이해 당사자들 간에 많
은 토의와 논의가 오고 갔습니다. 스리랑카에 산재보험이 도입되
어야 한다는 점에 이견이 있으신 분은 없으시리라 생각됩니다. 이
제도의 도입에 대한 불필요한 논의는 이제 끝내고 내년에 산전 후
휴가 급여 지급을 위한 기금 제도 및 기초적 사회보장제도 구축을
위한 정책 검토 시, 산재보험의 정책화를 추진하는 것으로 결론을
내리겠습니다. 그동안 스리랑카 노사정 여러분들 고생이 많으셨
고, 지금까지 이 이슈에 관하여 기술지원을 해 주셨던 국제노동기
구(ILO) 및 한국의 고용노동부에 감사를 드립니다. 또한 여기까지

오도록 전문적 역량을 헌신적으로 제공해 주신 김주영 씨에게 진심 어린 감사를 드리고 싶습니다."

스리랑카 노동부 차관(The Secretary, Ministry of Labour and Labour Relations)인 우팔리 위자야위라(Upali Wijayaweera)의 회의 종결 멘트가 들려 왔다. 2013년 12월 20일 오늘, 이 스리랑카 노사정 태스크 포스팀 회의가 나의 스리랑카 출장 및 국제노동기구에서의 출장의 마지막이 될 것이라 생각하여 비장하기도 했으나 회의 결과에 너무 집착하지 않으려고 다소 마음을 비운 상태에서 프레젠테이션을 했다. 그동안 회의 준비 및 전체 프로젝트 진행에 신경을 온통 쏟은 탓에 회의가 끝나는 시점이 되자 정신이 다소 멍해졌다. 하지만 스리랑카 노동부 차관의 말소리는 또렷이 들렸다.

오늘 정말 극적으로 산재보험 도입을 위한 스리랑카 노사정의 합의를 이끌어 낼 수 있었다. 국제노동기구에서 근무를 시작하여 스리랑카 산재보험 도입 지원을 위한 계획을 세우기 시작하던 시점에서 약 3년의 시간이 흘렀던 점을 생각하면 정말 감회가 깊었고, 눈시울이 뜨끈해졌다. 이제 약 열흘 정도 후면, 국제노동기구 근무를 마치고 한국으로 귀국해야 되는 점을 감안하면 오늘 스리랑카 노사정의 산재보험 도입에 대한 잠정적인 합의는 한 편의 드라마처럼 극적으로 이루어진 것이었다.

지난 3년간의 시간들과 주요한 일들이 주마등처럼 머릿속을 빠르게 흐르기 시작했다.

스 리 랑 카 , 행 복 의   씨 앗 을   품 다

2
스리랑카
산재보험 도입
기술지원 사업의 준비

내가 태국 방콕에 소재한 국제노동기구 아시아 · 태평양 지역사무소(아태 지역사무소)에서 근무를 시작한 것은 2011년 1월 17일이었다. 한국에서 산재보험 제도를 집행하고 있는 근로복지공단에서 약 10년을 근무한 이후에 국제노동기구 아태 지역사무소에 파견되어 아시아 · 태평양 지역의 사회보장 업무를 지원하는 일을 시작하게 된 것이다. 정확하게는 방콕에 소재한 국제노동기구 양질의 일자리 구축을 위한 기술지원팀(ILO DWT-Bangkok)에 소속되어 근무를 시작했다.

모든 활동과 사업에는 거기에 필요한 재원이 따라야 한다. 당시 나의 국제노동기구 내 신분은 정식 직원이나 계약직 직원이 아닌 파견자였으므로, 국제노동기구 사회보장분야 정식 직원의 업무 지시를 받아 보조적인 역할을 하는 정도의 한계가 있는 상태였다. 하지만 산재보험 업무에 관한 지식과 근무 경험이 있는 전문성을 살려서 관련 프로젝트를 계획하여 제안하고 이에 대한 재원을 확보하여 사업을 진행하는 것이 불가능하지도 않았다. 물론 국제노동기구 담당 직원의 사전 승인을 받는 것이 필요했다. 당시 국제노동기구 사회보장분야 직원인 발레리 슈미트는 나의 전문성을 활용하여 아시아·태평양 지역에 도움이 되는 사회보장 분야 사업을 계획하고 추진해 보라고 제안했다. 내가 활용할 수 있는 사업 재원은 한국 정부(고용노동부)와 국제노동기구 협력 사업(ILO/Korea Partnership Programme) 재원 중에서 사회보장분야에 정해진 자금의 일부였다.

당시 국제노동기구에서 한국–국제노동기구 협력 사업에 대한 조정자(Coordinator) 역할을 수행하기 위해 한국 고용노동부에서 파견을 나오신 과장님은 "시간이 다소 걸려도 좋으니, 괜찮은 사업을 제안해 보세요."라고 했다. 괜찮은 사업을 만든다는 것은 쉬운 일이 아니었다. 기술적 지원을 위한 대상 국가, 사업내용, 대상 국가의 노사정의 의견 등을 모두 고려해야 했다. 여러 번의 다양한 사업 제안 등이 있었으나, 스리랑카의 산재보험 도입을 위한 기술지원 3개년 계획으로 윤곽을 잡고 구체적인 프로젝트 제안서를 제출하기까지의 약 한 달 동안은 나의 머릿속은 온통 해당 사업의 구체화에 대한 내용이었고, 이로 인한 스트레스를 엄청 받던 시기였다. 지금 와서 생각해 보면, 내가 깊이 생각하지 않고 제출했던 사업계획서에 대해서 계속 피드백을 주시고 최종 프로젝트 제안서가 나오기까지 기다려 주신 과장님의 안목이 없었다면 내가 이러한 글을 써 보려고 생각하지도 못했을 것이라는 생각이 든다. "빨리 사업 제안서를 제출하는 것이 중요한 것이 아니에요. 대상 국가에 도움이 되도록 대상국 이해 당사자들의 수요를 반영하고, 대상국에 도움이 되도록 현실적이고 구체적인 결과물이 나올 수 있는 계획서를 작성하는 것이 가장 중요해요."라고 하셨던 말씀이 떠오른다. 실제로 대상국의 정치·경제적 현황을 조사하고 해당 분야의 수요를 파악하여 구체적 사업 제안서(Proposal)를 작성하기 시작했다. 프로젝트의 명칭은 "스리랑카의 산재보험 도입을 위한 기술지원 3개년 사업(The Three-Year Project on Technical Support for the Introduction of Employment Injury Insurance in Sri Lanka)"이었다.

스리랑카는 1960년대에는 세계적인 회의를 개최할 정도의 수준을 가진 국가였지만, 타밀족과 스리랑카 정부군과의 내전이 30년 넘게 지속되면서, 이것이 국가 발전을 정체시켰다. 타밀족은 원래 인도 남부 지역에 거주했는데, 영국 식민지 통치 시절에 영국인들이 스리랑카로 많이 이주시켰다. 하층민 타밀족들은 고산 지대의 차밭에서 값싼 노동력을 제공했고, 교육을 받은 타밀족들은 스리랑카 내 영국 식민통치를 도와주는 중간 관리자로 활동했다고 한다. 타밀족들은 인도 이외의 국가인 스리랑카, 말레이시아에 거주하며, 유럽에도 이주해 살고 있는데, 대체로 교육 수준이 높아서 이주한 국가의 기업계, 법조계에도 활발히 진출해 있다. 스리랑카와 말레이시아의 공용어 중 하나가 타밀어이다. 스리랑카의 공용어는 싱할어, 타밀어, 영어이며, 말레이시아는 말레이어, 타밀어, 중국어, 영어가 사용되고 있다.

1948년 스리랑카가 영국으로부터 독립하면서, 스리랑카 토착민인 싱할인들이 다시 세력을 잡기 시작했고, 시간이 흐르자 스리랑카 북부에 기반을 둔 타밀인들과 충돌이 잦아졌으며, 타밀인들이 별도의 독립 국가를 주장하는 단계까지 오자 정부군과의 내전으로 발전했다. 스리랑카 전 영토가 아닌 북부 지역에서만 국지전이 이루어졌고, 종종 수도인 콜롬보에서 테러가 자행되었다. 내전이 장기화되며 타밀군은 암암리에 인도 타밀족 등의 지원을 받았다. 30년 넘게 지속되던 내전은 서서히 균형이 깨어지며 2009년 4월 정부군의 승리로 종식되었다. 내전 종식 직전 즈음에 스리랑카 북부 타밀 지역에서 민간인에게 자행된 것으로 추정되는 정부군의 비인도적인 만행이 현재도 UN에서 거론되고 있지만, 이 책에서의 주제와는 거리가 있으므로 배제하도록 하겠다.

스리랑카는 내전 종식 이후, 국가 재건을 슬로건으로 관련 사업이 한창이며, 연 6% 이상의 경제성장이 이루어지고 있다. 스리랑카의 도로를 달리다 보면 "스리랑카를 믿어 주세요(Believe Sri Lanka)!"라는 정부 슬로건을 가끔 볼 수 있다. 내전으로 얼룩진 과거로부터 국민적 통합과 국가 재건을 이끌고자 하는 스리랑카 정부의 메시지로 해석할 수 있겠다.

스리랑카는 경제발전 및 산업화의 시작과 더불어 전통적 농업에서 서비스, 제조업, 건설업 등의 비중이 높아지고 있고, 이에 대한 산업 현장에서 발생한 재해를 당한 근로자 및 유족 등에 의한 보상 수요가 증가하고 있지만, 현행 산재보상법과 실질적 시스템 운영은 이를 따라가지 못하고 있다.

우리나라의 경우, 산업화 시작 초기인 1964년에 정부 운영의 산재보험이 도입되었고, 경제발전과 더불어 산재보험의 적용 대상과 보상의 수준도 꾸준히 확대되어 왔다. 산업화의 과정에서 불가피하게 발생된 업무상의 사고 및 질병을 당한 근로자와 유족들에게 사업주들로부터 걷어 들인 재원으로 정부가 책임을 지고 보상해 주었던 것이다.

스리랑카는 1934년 영국식민지 통치 시절에 제정된 산업재해보상법(Workmen's Compensation Ordinance)이 몇 차례 개정을 거치며 현재에도 스리랑카 산재보상제도의 핵심을 이루고 있다. 민법을 통해 사업주에게 배상 소송을 제기할 수도 있지만, 재해 원인과 관련하여 사업주의 잘못을 입증해야 하고 산재보상법에 따른 보상은 포기해야 되며 소송 기간이 장기화되는 등의 단점이 있어서, 산재보상법이 핵심이라고 할 수 있다. 그러나 이러한 산재보상법은 사업주의 직접 보상제도에 바탕을 두고 있어서, 사업주가 관련 민간보험상품에 가입하지 않고 또한 실제로 지불할 능력이 없으면 해당 근로자 및 유족은 전혀 보상받을 길이 없는 시스템이다. 또 업무상 재해에 대한 민간보험상품의 가입은 현실적으로 일부 대기업에 국한되어 있는 편이고, 중소기업 사업장은 거의 전무한 상황이었다.

이러한 단점을 극복하고자 2006년에 스리랑카 정부는 사업주가 의무적으로 산재보상에 대한 민영보험사들의 보험에 가입하도록 정책을 추진하려고 했으나, 민간보험사 측에서 너무 높은 보험요율을 책정하여 사업주 단체에서도 이 정책에 반대해 중단되었다고 한다. 이후에 공공부문에 의한 산재보험 운영 제도에 관심을 가지게 되었는데, 별다른 진전을 이루지 못하고 있었다. 이러한 배경 속에서 나는 스리랑카 산재보험 도입지원을 위한 기술지원 프로젝트를 제안하게 되었고, 스리랑카 노사정은 이 제안에 찬성하게 된 것이었다.

　이 프로젝트 제안서는 스리랑카에 소재한 국제노동기구 스리랑카 사무소 및 스리랑카에 대한 기술지원을 관할하는 국제노동기구 뉴델리 사무소(ILO DWT-New Dehli)에 공유되었고, 국제노동기구 스리랑카 사무소를 통해 스리랑카 노동부에 프로젝트 제안 내용이 전달되었다. 국제노동기구 뉴델리 사무소의 사회보장 선임전문가인 마르크스 럭은 2011년 2월에 있은 스리랑카 출장 중 스리랑카 노사정을 만난 자리에서 스리랑카의 산재보험제도 도입을 위한 국제노동기구의 기술지원에 대한 스리랑카 노사정 대표들의 동의를 얻어 냈다. 이후 마르크스는 이 사업을 진행하면서 많은 도움을 주었고, 적극적으로 뒤에서 지원해 주는 역할을 해 주었다. 그리고 국제노동기구 스리랑카 사무소의 국가사업담당관인 프라모는 사업이 스리랑카에서 실질적으로 진행되도록 아주 헌신적으로 도와주었다. 이 두 사람의 도움이 없었다면, 프로젝트는 시작조차 하지 못했을 것이며, 끝맺음도 달라졌을 것이다.

　2011년 4월, 국제노동기구 아태 사무소의 프로젝트 적격성 및 타당성 점검회의에서 나의 프로젝트가 통과되었고 2011년 5~6월을 거치면서 프로젝트에 대한 예산도 확보할 수 있었다.

스리랑카
산재보험 도입
타당성 조사 및 제도 설계

    스리랑카의 산재보험 도입을 위한 국제노동기구의 기술지원 사업을 스리랑카 노사정이 수용한 것을 스리랑카 사람들의 입장에서 이해해 보자면, 그들은 우선 국제노동기구를 통해 산재보험 도입이 필요한 이유, 제도를 스리랑카에 실행하기에 타당할 것인지의 여부 검토, 산재보험제도의 설계 등의 내용을 담은 연구를 해 보려는 것이었다.

    내가 계획한 3개년 계획은 1년차에 산재보험에 대한 타당성 조사 및 제도 설계 연구 실시, 연구결과의 노사정과 공유를 하기 위한 현지 워크숍, 노사정의 산재보험제도 인지도 제고를 위한 한국 초청연수를 구성했고, 2년차로 스리랑카 노동부의 제도 도입 준비를 위한 지원(법령 설계, 담당 공무원의 제도 운영 역량 강화 현지 워크숍, 사업주 및 노동자 단체의 제도 인지도 제고를 위한 홍보 지원, 제도 운영 효율을 위한 전산 시스템 설계)으로 구성했으며, 3년차로는 제도 정착을 위한 기술지원(운영 초기 시행착오 최소화를 위한 심화된 현지 컨설팅 등)으로 구성했다.

그러나 지난 3년을 돌아보면, 타당성 조사 및 제도 설계의 1차 연구 활동 결과가 나온 이후 노사정의 피드백을 반영해 주었고 노사정의 역학관계 때문에 1년차 계획이 수정 및 심화되어 3년 동안 진행되게 되었다. 그리고 3개년 계획의 마지막 달인 2013년 12월 20일에 스리랑카 수도 콜롬보 소재 노동부 차관실에서 개최된 노사정 태스크 포스팀 회의에서 산재보험 도입에 대한 극적인 합의가 이루어지게 되었다. 이만큼 한 나라에 새로운 제도를 도입한다는 것은 결코 쉽지 않은 작업이다. 하지만 많은 분들의 도움, 스리랑카 노동부 차관의 정책 도입에 대한 강한 의지, 나 자신도 포기하지 않고 제도의 재정 부담자가 될 사업주 단체를 설득시켜 결국에는 제도 도입의 정책적 추진 가능성을 활짝 열어 주게 된 것이었다. 이후 스리랑카 노동부는 대통령 경제사회발전위원회에 이 제도가 스리랑카 국정목표 및 방향과 일치함을 설명하는 것을 준비하고, 가까운 장래에 제도가 시행될 수 있도록 입법을 준비하게 되었다.

이렇게 파란만장했던 스리랑카 사업의 구체적 시작은 제도 도입의 타당성 조사 및 제도 설계에 관한 연구활동으로 시작되었다.

먼저, 스리랑카 산재보험 도입의 타당성 조사와 제도 설계를 수행해 줄 연구수행자를 찾는 게 급선무였다. 주위의 직원들이나 관련자들에게 추천도 받아 보았지만, 사업의 실질적 수행자인 나의 입장에서는 추천된 명단에 있는 사람들은 산재보험에 대한 전문적 지식과 연구 수행에 맞는 경험을 갖추고 있는지에 대한 객관적 검증이 어려운 경우가 대부분이었다. 사회보장, 사회복지, 노동 관련법, 경제학, 경영학을 공부하신 분들 중에서 산재보험에 대한 논문이나 글을 쓰시는 분들이 있지만, 산재보험제도 자체를 전체적으로 볼 수 있고, 외국의 다양한 사례에 밝으며, 특히 보험요율 산정을 위한 재정 추계까지 다룰 수 있는 분을 찾기가 쉽지 않았다.

또한 연구용역을 맡겨 보면, 연구용역 계약 전에 기대했던 연구 수행자의 열정이나 전문적 식견이 연구결과에 반영되지 않는 경우가 많았다. 해당 분야에 전문적 지식이 부족한 연구원 혹은 조교를 통해 연구결과물이 사실상 나오게 되고, 계약 담당자인 연구소의 연구원장 혹은 교수님이 해당 분야의 전문가가 아니거나 전문가라도 연구 과정에 관심을 가지고 관여하지 않은 환경이므로 이러한 결과가 나오는 것이라는 생각이 들었다. 스리랑카라는 한 국가의 노사정에게 연구결과물을 제출하는 것이므로 이러한 시나리오는 피해야 한다는 생각이 들어 연구 수행자 선택에 신중을 기했다.

2007년에 개인적 볼일로 모교 캠퍼스에 갈 일이 있었다. 마침 시간이 남아 옛날 대학 시절의 기억도 떠올리며 강의실 문 앞을 걸어 다니면서 강의실 밖으로 새어 나오는 교수님들의 강의들을 귀 기울여 들어 보았다. 그중에 산재보험에 대한 강의가 있었는데, 담당교수님의 강의도 열정적이었지만, 산재보험과 관련한 실무자인 내가 들어도 교수님이 해당 분야에 상당한 학식을 보유했다는 것을 알 수 있었다. 사실 사회보장분야는 넓고, 산재보험은 이 중에 하나의 작은 분야에 지나지 않기 때문에 교수님들이라고 할지라도 특별히 이 분야에 논문을 많이 쓰시거나 연구하지 않고서는 정통하기가 쉽지 않다.

교수님의 얼굴을 강의실 문틈을 통해 확인했다. 나중에 학과 홈페이지를 보니, 연세대학교 사회복지대학원에 계시는 김진수 교수님이라는 것을 알게 되었고, 연금·산재보험 등의 사회보험분야에서 유명하신 분이라는 것도 추가적으로 확인할 수 있었다.

이 개인적인 기억을 떠올리면서, 다른 분들께 들은 추가 정보를 통해 확신을 가지게 되었고 김진수 교수님께 연락을 시도했다. 학교 홈페이지를 통해 이메일과 연구실 전화번호를 알게 되었

스리랑카 산재보험 도입 타당성 조사 및 제도 설계

고, 스리랑카 산재보험 타당성 및 제도 설계의 연구용역을 수행해 주실 수 있는지 의향을 여쭙는 이메일을 보내 드렸다. 며칠 간 답장이 없어서 학과 사무실로 전화해 보니 오스트리아 소재 비엔나 대학교에 1년간 교환교수를 가셨다는 것이었다. 전화받은 분께 중요한 메일이니 김진수 교수님께 메일 확인을 요청드린다는 말씀을 전해 달라고 부탁했다. 며칠 뒤에 김진수 교수님으로부터 답변메일이 도착했고, 당시 태국 방콕에 근무하고 있던 나에게 직접 전화를 하셔서, 연구를 수행하고 싶다고 말씀하셨다.

김진수 교수님과의 첫 만남은 이렇게 이루어졌고, 이후 상당 부분 스리랑카 프로젝트에 많은 도움을 주셨다. 2011년 6월 말에 국제노동기구와 스리랑카 산재보험 도입을 위한 타당성 조사 및 제도 설계에 대한 연구용역 계약이 체결되었다. 김진수 교수님은 공식적으로 연구 수행을 시작하셨고 연구와 관련하여 자체 연구팀을 구성하여 스리랑카 사회보장제도에 대한 문헌조사

국제노동기구의 스리랑카 산재보험 도입을 위한 기술지원에 대한 적극적인 수용 및 협력 의사를 보여주는 스리랑카 노동부 공문

스 리 랑 카 , 행 복 의 씨 앗 을 품 다

를 먼저 시작했다.

이에 즈음하여 국제노동기구 스리랑카 사무소는 산재보험 제도 도입 타당성 및 제도 설계 연구에 관한 내용을 스리랑카 노동부에 공문으로 알려 주었고, 이에 대해 스리랑카 노동부도 국제노동기구의 연구를 환영하며, 연구와 관련한 모든 지원을 해주겠다는 내용을 담은 공문을 국제노동기구 스리랑카 사무소로 보내 주었다.

2011년 8월, 나는 김진수 교수님 및 교수님의 연구원 분들과 함께 스리랑카 노사정의 의견 수렴, 연구와 관련한 현지 데이터 수집 및 스리랑카 현지의 관련 기관 등을 방문하기 위해 스리랑카를 약 일주일간 방문하기로 계획하고 국제노동기구 스리랑카 사무소와 계속 연락을 취하여 드디어 스리랑카에 처음으로 가게 되었다.

4

스리랑카 출장을 통한 현지 조사 수행

스리랑카 노동부로부터 국제노동기구의 산재보험 도입과 관련한 연구를 환영하고 협조하겠다는 공식 공문을 받았고, 이 연구를 전문적으로 수행하기 위한 연구팀도 꾸려지게 되었으므로, 2011년 8월 21일부터 27일까지 약 일주일의 여정으로 스리랑카 현지 조사를 위한 출장을 준비하기 시작했다. 김진수 교수님 및 연구원 분들은 스리랑카에서 만나기로 하고, 출장을 수행하시도록 도와드렸다. 국제노동기구 스리랑카 사무소에서는 스리랑카 노사정 관계자 및 관련 기관들과의 면담을 주선했고, 김진수 교수님은 개별적으로 스리랑카 콜롬보 소재 한국 대사관의 대사님과 연락하셔서 그분의 도움으로 스리랑카에서 오랫동안 사업을 해온 한국 제조업체와 건설업체를 방문하는 일정도 잡으셨다.

2011년 8월 22일부터 시작되는 스리랑카 현지 노사정 관계자 면담 및 연구 데이터 수집을 위해 그 전날인 2011년 8월 21일에 스리랑카 수도 콜롬보에 있는 호텔에서 처음 만나는 것으로 했다. 나는 방콕에서, 김진수 교수님은 교환교수로 계시는 오스트리아 비엔나에서, 김진수 교수님의 연구팀에 합류한 연구원 두 분은 한국에서 출발했다. 2011년 8월 21일 밤늦게 콜롬보 소재 호텔 로비에서 짧은 첫 만남을 가졌고 다음 날의 공식 일정에 대해 간단히 논의한 후 각자 방으로 돌아갔다. 김진수 교수님은 한눈에 봐도 성격이 활달하시고 열정이 많으신 분임을 알 수 있었다.

스리랑카 현지 조사 1일차

2011년 8월 22일 월요일 오전 9시에 콜롬보 소재 스리랑카 경영자총협회(EFC) 건물을 방문했다. EFC는 Employers' Federation of Cylon의 약자로서 산업별·지역별 사업주 단체를 총괄하는 스리랑카 최대 규모의 사업주 단체이며, 한국의 경총(경영자총협회)과 같은 곳이다. 스리랑카 경총 카니쉬카 위라싱가 부회장이 우리 일행을 맞아 주었다. 사업주 단체와의 미팅이 스케줄의 맨 처음에 잡힌 것은 다소 이례적인 것이었다. 그동안은 먼저 국제노동기구 스리랑카 사무소를 방문하여 국가사무소장에게 의례적 접견 (Courtesy Call)을 한 후에 스리랑카의 노동부를 방문하여 면담이 예정된 차관에게 사업 설명을 하고 의견을 청취하는 것이 통상적인 관례였다. 이후에 당일 국제노동기구 스리랑카 사무소장과 노동부 차관의 일정을 고려하여 사업주 단체와의 면담 일정을 먼저 잡았음을 알게 되었다.

사업주 단체와의 미팅에서는 용어의 선택이나 표현에 주의를 기울이고 다소 논리적인 면으로 접근할 필요가 있었다. 왜냐하면 역사적으로 산재보험제도는 산업재해와 관련한 노사의 대결적 구도에 따른 비용의 증가, 노사 관계의 악화 등을 해결하고자 산업재해보상을 무과실 책임원칙(사업주 및 근로자 측의 재해 원인에 대한 과실 유무 및 정도에 상관없이 재해 보상하는 의미) 및 위험에 대한 재원을 사업주가 납부한 보험료로 공동 부담하는 보험의 운영 방식을 도입한 것이기 때문이다.

즉 사업주는 자기 소속 근로자가 업무와 관련하여 사고나 상병이 발생했을 경우에 스리랑카와 같이 사업주가 직접 보상해 주는 제도 하에서는 그때마다 사업주의 비용으로 지급하여야 하나 (Out of pocket), 산재보험제도 하에서는 사업주들이 공동으로 지속적으로 납부한 재원을 통해 산재보험 운영기관에서 보상을 해 주는 방식이다. 이는 사업주의 입장에서 본다면 사업주 직접 보상방식에서 산재보험제도로 전환할 경우, 지속적으로 지출되는 생산비용이 추가적으로 발생하게 된다. 이 점이 사업주에게 가장 민감한 것이다. 그러나 세금은 납부한 자가 본인이 낸 세금의 직접적 수혜자가 되기가 힘든 반면, 산재보험의 경우 해당 지급 사유가 발생하면, 사업주의 산재보상 채무가 될 수 있는 금액을 산재보험기금에서 지급해 주고, 상당수 국가에서는 산재보험 가입과 더불어 사업주는 근로자의 보상 책임과 관련하여 민사상 면책을 받을 수 있다. 이러한 점은 추가적으로 생산비용을 떠안아야 하는 사업주에게는 인센티브가 될 수 있는 것이다.

아무튼, 단기적인 안목에서 본다면 현금유동성, 생산비용 등은 기업이 가장 중요하게 여기는 요소들 중 하나이므로 산재보험제도 도입에 따른 고정 비용의 추가 발생에 대해 사업주는 당연히 저항하게 되는 것이다. 따라서 향후 재원의 부담자가 될 사업주를 논리적으로 설득시킬 수 있는 내용이 필요하다고 생각했다.

스리랑카 경총 카니쉬카 부회장 및 동반 참석한 인사들에게 스리랑카의 현 사업주 직접 보상방식에서 산재보험으로 전환해야 하는 필요성 및 국제노동기구의 관련 기술지원 내용에 대해 먼저 설명했고, 스리랑카 경총 부회장은 국제노동기구의 기술지원 및 연구수행을 환영한다고 대답하고 몇 가지 사항을 당부하며 추가 의견을 제시했다.

　스리랑카는 플랜테이션 근로자를 포함하여 60% 이상이 비공식 분야 근로자[1]이기 때문에 제도 도입 시 15명 이상[2]의 근로자를 고용한 사업장에 먼저 적용하는 것이 좋으며, 이후 점진적인 제도 적용 확대 방법이 현실적이라는 것이다. 그러나 카니쉬카 부회장은 그로부터 2개월 후에 나에게 보낸 이메일에서 소규모 사업장 근로자들도 제도 혜택을 받을 수 있도록 제도 도입 초기부터 폭넓은 적용 범위를 설정해달라는 의견을 표명했다.

　스리랑카 경총 부회장의 15인 이상 사업장 적용 방안 제시에 대해, "제도 적용 범위는 행정적으로 현실상 가능한 운영 범위 및 근로자 권리 보호를 위한 측면을 동시에 고려해야 합니다."라고 대답하고, "산재보험의 점차적 적용은 현실적인 방안이기 하지만 도입 초기에 공식분야 근로자, 대규모 사업장 등으로 한정할 경우 사회보험으로서의 인지도가 저하될 수가 있어 연구결과에 여러 방

---

1) 노동조합의 형태로 조직화되기 힘든 근로자. 근로기준법상의 근로자의 정의에 해당하지 않는 경우가 많고 대체적으로 근로조건이 취약하며, 그 예로 가사노동자, 자영업자 등을 들 수 있다.
2) 스리랑카의 고용종료법(Termination Act)에 따르면 15명 이상의 근로자를 고용한 사업장은 사업주가 근로자를 해고할 때 노동부의 사전 승인을 받아야 한다.

안과 함께 가장 적합한 모델을 제시할 예정입니다."라고 추가로 말했다.

곧이어 카니쉬카 경총 부회장은 "스리랑카에서는 최근 노령연금으로의 개혁 방안과 관련해 노동계 및 경영계의 저항이 많아서, 산재보험제도 도입 시에는 산재보험요율이 특히 중소기업 사업주에게 재정적 부담이 가지 않는 수준에서 이루어지도록 충분히 고려할 필요가 있습니다."고 했다. 이에 김진수 교수님은 "산재보험제도의 경우 요율이 다른 사회보험 제도의 요율과 비교하여 상대적으로 낮은 편이며 국제적 운영 경험으로 볼 때, 장기적으로 재정이 안정화되는 경향을 보이고 있으며 산업안전 및 재활분야와 연계되면 재정적 안정의 효율성을 기할 수 있습니다."라고 대답하셨다.

카니쉬카 경총 부회장은 "스리랑카는 현재 산재보상에 대해 민간보험회사가 어느 정도 이미 역할을 하고 있어서 산재보험제도를 도입하더라도 민간보험사를 참여시키는 것을 고려할 필요가 있습니다."라고 했다. 이러한 발언은 스리랑카 경총의 부회장으로서 당연한 것이었다. 왜냐하면 민간보험사들 역시 스리랑카 경총의 회원이고 스리랑카 경총은 사업주들의 이익단체적 성격을 가지고 있기 때문이다. 또한 산재보험의 운영 형태를 범세계적 관점에서 볼 때 사업주가 민간보험사들의 관련 보험상품에 강제적으로 가입하여 산재보상제도를 운영하는 국가들도 있으며 이는 미국, 호주, 싱가포르 등 영미법 계통의 영향을 받은 국가들에서 나타나고 있었다.

이에 대해서는 면담 현장에서는 명확한 답변을 할 수가 없었다. 산재보상보험에 관한 민영화, 민간보험사가 운영할 경우 효율적인 것인가에 대한 경험적 데이터의 분석은 아직 충분히 이루어지지 않은 상태이고, 요율 등의 측면에서는 민간보험사의 산재보상 서비스 제공이 훨씬 부담스러울 수 있기 때문이다.[3] 또한 당시 나는 국제노동기구의 입장에서 스리랑카에 대한 기술지원 활동을 수행하고 있었으며, 국제노동기구는 사회보장급여의 전달에서 세금이나 공동 재원을 통한 방식을 주장하고 있으므로 민간보험사의 운영방식보다는 사회보험형태의 방식으로 제도를 도입해 주어야만 했다. 또한 개인적으로는 나 역시 일선에서 산재보험 업무를 수행했고, 한국이 사회보험형태의 공공보험이므로 스리랑카도 현행 사업주 직접 보상방식에서 공공보험 방식의 산재보상보험제도

---

3) 대체적으로 민간보험 강제가입 방식의 경우 요율이 공공보험 운영 방식보다 높으며, 행정비용 측면에서도 높은 편이다. 참고 논문: Workers' Compensation in California and Canada, Institute for Health and Safety, 2010.

로 전환해 주고 싶었다.

카니쉬카 경총 부회장은 마지막으로 "산재보험 도입준비를 위한 국제노동기구의 기술지원과 과정은 매우 합리적인 것이라고 생각하며, 그 과정에서 사업주 단체가 참여할 수 있는 기회와 정보를 공유해 주어서 고맙게 생각합니다."라고 말했다. 이에 대해 나는 2012년 상반기에 연구용역결과를 스리랑카 노사정에게 공유할 것이며 이후에 관련 노사정 워크숍을 스리랑카 수도인 콜롬보에서 개최할 예정임을 알려 주었다. 약 1시간 30분 동안의 짧은 시간이었지만, 사업주 단체와의 첫 만남은 아주 큰 의미가 있었다.

스리랑카 경총 건물을 나와 차량으로 스리랑카 노동부 건물로 이동하는 경로에 있는 카페에서 약간 휴식을 취한 후에 11시 20분경에 노동부 건물에 도착하여 차관 사무실 입구에 있는 대기실에서 5분 정도를 기다렸다. 대기실에는 각종 보고 및 결재를 위해 노동부 공무원들이 순서를 기다리며 차관 사무실 앞에서 대기하고 있었다. 드디어 우리 일행이 노동부 차관과의 면담 시간이 되었다. 약 20~30분 정도의 짧은 시간이었지만, 차관이 산재보험 도입에 관심이 많다는 것을 알 수 있었다. 노동부 차관인 우팔리 위자야위라는 스리랑카 노동부의 실질적인 정책 결정자였다. 스리랑카에서는 장관은 변경이 잦지만 차관은 장기간 직위를 유지하는 특징이 있다. 우팔리 차관은 "국제노동기구의 지원 및 연구를 환영하며, 연구에 적극적인 협조를 할 것입니다."라고 말했고, 우리에게 연구와 관련된 스리랑카 노동부의 연락 거점으로 산업안전보건연구원의 참피카 아마라싱 원장과 노동부 수석차관보인 아난다 위말라위라를 우리에게 소개해 주었다.

이에 대해 나는 스리랑카의 현 사업주 직접 보상방식에서 산재보험으로의 전환을 위한 국제노동기구의 기술지원 배경 등을 설명했다. 우팔리 차관은 "스리랑카의 기존 노령일시금 및 기타 노령연금 등을 통합적인 노령연금으로 전환하는 법안이 올해 상반기에 제출되었지만 노동계의 강력한 반발로 지금까지 보류되어 있고, 당시 시위 과정에서 사망사고 등도 있어서 산재보험 도입과 같은 새로운 이슈를 공식적으로 공론화하는 것은 현재로서는 좋은 시점이 아니며, 이번 국제노동기구의 연구용역 결과 이후 진행할 예정입니다."라고 말했다.

나는 "노령연금 법안과 관련된 여러 사태에 대해 유감을 표하고, 사태가 조속히 안정화되기를 바라며, 산재보험과 관련한 국제노동기구의 기술지원 과정에서는 주요 이해 당사자인 노사정에게 정보를 공유하며 충분한 협의가 이루어지도록 노사정 대화채널을 활용하겠습니다."라고 말했다. 실제로, 2011년 5~6월에 발생한 노령연금법안과 관련된 일련의 분규는 법령 개정의 협의 과정에서 노동계가 충분히 참여를 못했던 것도 원인으로 분석되고 있었다.

우팔리 차관은 마지막으로 "스리랑카 노동부 또한 산재보험 도입을 위한 타당성 연구에 큰 관심을 가질 것이며, 내년에 개최될 연구결과에 관한 스리랑카 노사정 워크숍 개최에도 협조할 것입니다."라고 덧붙였다. 우리는 차관 및 동반 참석한 수석 차관보, 산업안전보건연구원장 등에게 감사의 말을 전하며 노동부 건물을 나왔다.

이것이 우팔리 차관과의 첫 만남이었다. 그는 스리랑카 정부의 정책 핵심 결정자이며 향후 노사정 대화를 주도할 중요한 인물이었다. 이 글을 적는 시점에서 그때를 돌아보면, 우팔리 차관의 시기적절한 주요 의사 결정과 정책 도입에 대한 강한 의지가 없더라면, 사업 추진이 많이 어려웠을 것이라는 생각이 든다.

오후의 다음 일정까지 1시간 30분 정도의 시간이 있어서 중국 레스토랑으로 가서 점심을 먹었다. 점심을 먹는 동안 우리 일행은 많은 얘기를 나누었다. 김진수 교수님은 분위기를 항상 쾌활하게 주도해 주시는 성격이셔서 바쁜 공식 일정에 자칫 지칠 수 있는 우리 모두를 일정 내내 잘 이끌어 주셨다.

식사를 마치고 다음 미팅 장소인 국제노동기구 스리랑카 사무소로 향했다. 국제노동기구 스리랑카 사무소는 스리랑카와 몰디 브를 관할하는 국제노동기구 아시아 · 태평양 지역본부 산하의 국 가사무소들 중 하나이다. 참고로, 국제노동기구(ILO)는 International Labour Organization의 약자이며 1919년에 설립되었고 1946 년에 국제연합(UN)의 특별 기관이 되었다. 국제노동기구는 국제 기구 중 유일한 노사정(노동자, 사용주, 정부) 연합체로서 노동기준 및 정책, 프로그램의 형성에 있어 동등한 목소리를 가진 노사정 대화 채널을 통해 진행하고 근로자의 권리 촉진, 양질의 고용기회의 장 려, 사회보장의 향상, 노사관계에 바탕을 둔 대화의 강화 등에 목 적을 두고 있으며 186개 국가들이 회원국 자격을 유지하고 있다. 조직적으로는 스위스 제네바에 본부를 두며, 5개의 지역별 사무소 (Regional Office)를 가지고 있다. 5개의 지역별 사무소는 유럽 · 중앙 아시아 지역사무소(스위스 제네바 소재), 아랍 지역사무소(레바론 베이루 트 소재), 아프리카 지역사무소(이디오피아 아디스아바바 소재), 아시아 · 태평양 지역사무소(태국 방콕 소재), 라틴 아메리카 · 캐리비안 지역 사무소(페루 리마 소재)가 있다. 또한 각 지역사무소 산하에는 양질의 일자리 구축 기술지원팀(DWT) 및 국가사무소가 있다. 이 중 아시 아 · 태평양 지역사무소는 태국의 방콕에 소재하며, 지역사무소 밑 에 2개의 양질의 일자리 구축 기술지원팀 및 11개의 국가사무소, 7

스 리 랑 카 , 행 복 의 씨 앗 을 품 다

개의 연락사무소 혹은 프로젝트 사무소가 있다. 다음의 그림과 표를 참조하면 이해가 편할 것이다.

국제노동기구의 지역사무소 현황 및 위치

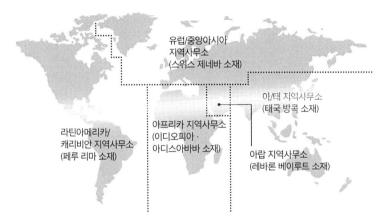

DWT (방콕 소재)	동아시아, 동남아시아, 태평양 국가 관할	DWT (뉴델리 소재)	남아시아, 인도 관할
국가 사무소	중국/몽골, 피지/파푸아뉴기니/ 솔로몬/키리바티/기타섬, 인도네시아, 일본, 필리핀, 태국/캄보디아/라오스, 베트남	국가 사무소	방글라데시, 네팔, 파키스탄, 스리랑카/몰디브,
연락 사무소 등	캄보디아, 라오스, 몽골, 미얀마, 파퓨아뉴기니, 동티모르	연락 사무소 등	아프카니스탄

오후 1시 30분에 국제노동기구 스리랑카 사무소 동린 리 (Donglin Li) 소장과 미팅이 잡혀 있었다. 동린 사무소장은 중국인으로서 과거 중국 노동부 공무원으로 근무한 경력이 있는 분이었다. 국제노동기구 스리랑카 사무소는 국제연합의 다른 기구들과 더불어 국제연합 기지 내에 위치하고 있었다. 콜롬보의 국제연합 기지는 당시 내가 근무하고 있던 사무소가 소재한 방콕의 국제연합 기지와 비교하여 다소 아담하고 고즈넉한 분위기를 풍겼다. 국제연합 기지 경호원의 안내를 받아 국제노동기구 건물에 도착하여 정해진 시간에 미팅을 가졌다. 동린 소장과의 미팅에 국제노동기구 스리랑카 사무소의 국가사업담당관인 프라모도 같이 합석했다. 프라모와 그 이후 업무적으로 이어진 관계는 3년 가까이 지속되었다. 스리랑카에서의 기술지원 활동이 가능하도록 문을 열어 준 사람이 국제노동기구 뉴델리 사무소의 사회보장분야 선임전문가인 마르크스였다면, 스리랑카 노사정 대표를 상대로 실질적 기술지원이 가능하도록 현지에서 오랫동안 역할을 해 줬던 사람이 프라모였다. 프라모는 스리랑카 첫 출장을 위해 스리랑카 현지 노사정 관계자 면담, 관계 기관 방문, 출장 수행을 위한 차량 준비, 호텔 예약 등까지 모두 도와주었다. 여러 나라에 소재한 국제노동기구 국가 사무소의 국가사업담당관들을 만나 봤지만, 프라모만큼 열정과 능력을 갖춘 사람은 만나 보지 못했다. 국제노동기구의 스리랑카에 대한 여러 기술지원들이 자기 국가의 발전에 도움이 되도록 하려는 개인적인 열정도 가끔 느낄 수 있었다.

동린 사무소장은 "그동안 스리랑카의 내전 및 정세불안으로 국제사회로부터 지원 프로그램이 적었는데, 이러한 점에서 이번 산재보험 도입을 위한 기술지원 프로그램은 큰 의미를 가집니다. 저희 국가사무소의 중장기적 활동계획에 이번 프로그램을 반영할 예정입니다."라고 했다. 그 다음 달인 2011년 9월 초에 국제노동기구 뉴델리 사무소의 마르크스가 스리랑카 산재보험도입 기술지원 프로그램을 국제노동기구 스리랑카 국가사무소의 중장기 활동계획에 반영해야 한다는 의견을 주었고, 9월 중순에 개최된 국제노동기구 아시아·태평양 지역 국가사무소장 회의에서 반영되었다.

프라모 담당관은 "그동안 스리랑카 공무원들이 한국–국제노동기구 협력 프로그램을 통해 한국에 가서 산재보험 초청연수에 매년 참석했는데, 이러한 노력으로 스리랑카 노사정이 산재보험 도입에 대한 필요성을 어느 정도 느끼게 된 것 같습니다."라고 언급했다. 동린 사무소장은 "스리랑카 사회보장에서, 최근 발생한 노령연금 법안의 상태와 관련하여 새로운 사회보장제도인 산재보험의 도입에도 신중을 기해야 하고, 노사정 대화를 충실히 해야 하며, 더불어 사업주도 부담을 느끼지 않도록 보험요율이 결정될 필요가 있습니다."라고 말했다.

이에 나와 김진수 교수님은 "사회보장제도에서 산재보험은 요율이 상대적으로 낮으며, 전 세계적인 경험상 산업예방, 재활과 연계되어 안정적인 재정이 유지되고 있는 편입니다."라고 설명했다. 동린 사무소장은 산재보험에 대해 국제노동기구 스리랑카 사무소 직원들을 위한 프레젠테이션을 해 줄 것을 요청했다. 이에 김진수 교수님은 이 요청을 적극적으로 받아들여서 연구팀 중에서 동행 출장했던 연구원 한 분에게 산재보험 일반 및 스리랑카적 맥락에서 설계 계획에 대한 프레젠테이션을 만들도록 했고, 실제로 발표는 그 다음 날 오후에 국제노동기구 스리랑카 사무소 회의실에서 이루어졌다.

동린 사무소장은 "산재보험이 스리랑카의 공식 분야 근로자들에게만 적용된다면, 기존의 사업주 직접 보상제도에서도 실질적 혜택을 입고 있는 공식 분야 근로자에게 이중적인 보호장치를 주는 수준에 그칠 것이므로, 적용 대상을 적극적으로 비공식 분야 근로자에게도 확대할 필요가 있습니다."라고 마지막 의견을 제시했다. 우리는 동린 사무소장과 프라모 담당관에게 스리랑카 현지 출장을 위한 모든 일정을 마련해 준 점에 대단히 감사를 드리며, 이후에도 계속적 협조를 바란다고 부탁드리며 국제연합 기지를 나왔다.

다음 행선지는 오후 2시 30분에 방문 예정인 산업안전보건연구원(National Institute for Occupational Safety and Health)이었다. 이곳은 스리랑카 산재보험제도 설계와 관련하여 보험요율 산정을 위한 재정추계(Financial assessment)를 위해 산업별 사고 및 질병 데이터를 수집하기 위해 방문이 필요한 곳이었다. 방문 당시 면담자는 오전에 노동부 차관실에서 만났던 연구원 원장이자 산업보건의사였던 참피카 원장과 담당 연구원들이었다. 나는 이 연구원 방문과 관련해서는 김진수 교수님 및 출장 오신 다른 연구원 분들이 스리랑카 산재보험 제도설계에 필요한 데이터 확보를 원활히 진행할 수 있도록 중개적 역할을 성실히 역할을 수행했다. 연구 수행을 위한 관련 데이터를 입수하기 위해 스리랑카의 노동통계 사이트(www.lmi.lk)의 정보도 같이 조회했으며, 추가적 데이터 확보를 위해 김진수 교수님이 연구원과 향후 지속적으로 연락할 수 있도록 연구원장과 이메일을 통한 연락 체계를 구축하도록 했다.

산업안전보건연구원을 나와서 다음 목적지인 스리랑카 보건부(Ministry of Health)로 이동했고, 오후 5시에는 보건부의 산업안전보건국을 방문하여 담당 공무원에게 설명을 들었다. 예방의학적 접근 및 교육에 정책의 초점이 맞추어져 있음을 느꼈다. 오후 5시

30분에는 보건부 부차관(Additional Secretary)인 팔리다 마히팔라 박사와 면담을 가졌고, 스리랑카의 의료 정책에 대한 설명을 들었다.

스리랑카는 세금을 재원으로 공공병원을 통한 무상의료서비스를 전 국민에게 제공하고 있으며, 산업재해로 부상이나 질병을 입은 근로자도 별다른 구분을 받지 않고 국가무상의료시스템(National Health System, NHS)의 적용을 받을 수 있다. 민간 병원을 이용할 경우, 환자 본인이 치료비의 100%를 부담하므로 환자가 경제적인 능력이 있거나 소속 회사가 근로자를 위해 복지 차원에서 가입해 준 민간의료보험이 있을 경우 민간병원을 주로 이용하는 편이다. 외래환자의 경우, 약 50%가 민간병원을 이용하며, 나머지는 공공병원을 이용한다. 입원환자의 경우 95%가 공공병원을 이용한다. 은행 직원과 같은 경우는 소속 은행에서 민영보험사의 의료보험상품에 가입하여 소속 근로자와 가족들이 민간병원을 이용하는 경우가 많다. 스리랑카 정부는 외국인이 스리랑카 내에서 병원을 설립하거나 투자할 경우 세금 혜택을 크게 주는 등 병원시설 확충에 노력하고 있다. 보건부 부차관인 팔리다 박사의 설명은 명쾌했고, 스리랑카의 전 국민 대상 무상의료시스템을 주관하는 정부부처의 정책 결정자다운 기운을 느낄 수 있었다. 외모 또한 아주 명석한 느낌을 주었다.

보건부 방문을 끝으로 오늘 첫날 공식 일정이 끝났다. 보건부 건물을 나와서 호텔에 들어가기 전에 현지인인 차량 운전기사에게 얘기하여 한국 식당으로 저녁식사를 하러 갔다. 이후 스리랑카에 있을 동안 다른 식당에서도 식사를 하며 느낀 것인데 스리랑카 식당의 저녁식사는 보통 오후 7시 30분부터 10시까지 제공되며 호텔 식당도 마찬가지였다. 이러한 저녁 식사 제공 시간은 정확히 지켜졌다. 한국 기준에서 보면 저녁식사 시간이 늦은 편이다. 궁금해서 차량 운전기사에게 물어 보니, 스리랑카 사람들이 늦게까지 일을 하기 때문에 그렇다고 대답했다. 명확한 이유는 좀 더 알아 볼 필요가 있을 듯했다.

저녁 식사를 하며 우리 일행은 오늘 있었던 일에 대해 많은 이야기를 나누었다. 현지 조사 첫날인 오늘 하루에만 무려 5곳을 방문했고, 각 방문지마다 상대 기관의 일정에 따라 40분~1시간 30분 정도의 대화를 나누었다. 각 기관별 면담 시간은 그리 길지는 않았지만, 그만큼 짧은 시간에 집중력 있는 대화를 나누어야 했다. 일행 모두 많이 피곤해 있었기 때문에 호텔로 들어가 일찍 잠을 청했다.

스리랑카 현지 조사 2일차

2011년 8월 23일 화요일이 되었고, 스리랑카에서 두 번째 아침을 맞았다. 우기인지 오전에 비가 오고 있었다. 호텔 정문 입구에서 렌트한 차량과 운전기사를 기다리고 서 있는데, 부지런히 출근하는 스리랑카 사람들의 모습이 호텔 밖으로 보였다. 여자의 경우 허리를 드러내는 스리랑카 전통의상을 입고 출근하는 경우를 종종 보았다. 나중에 들어 보니 공공기관 직원이 그런 경우가 많다고 한다. 그리고 전통의상을 잘 갖추어 입고 직장에 다닐 정도면 어느 정도 경제적 여유가 있는 사람들이라고 했다.

두 번째 날도 국제노동기구 스리랑카 사무소에서 면담을 마련해 준 기관들을 렌트 차량을 타고 다닐 예정이었다. 오늘 오전 일정은 의료기관의 방문에 초점을 맞추었다.

산업재해로 다치거나 질병에 걸린 경우에는 우선 신속한 응급 처치가 이루어져야 하고, 집중적인 치료기간을 지나면 양질의 재활치료서비스가 제공되어야 한다. 특히 중상을 입었을 경우, 초기 대응 치료와 수술의 정도 및 향후 재활치료의 정도에 따라 장해 정도가 차이가 나고, 이는 재해 근로자의 사회, 직장복귀에 영향을 미치며, 장기적으로 보면 산재보상보험기금의 안정화에도 간접적으로 기여할 수 있다. 사업주 및 국가 전체적 측면에서도 숙련된 근로자들이 직장에 복귀하는 것이 더 좋은 것이다.

이에 스리랑카 의료기관 현황을 살펴보는 취지에서 오전에는 콜롬보 외곽에 위치한 공공병원 한 곳과 콜롬보 시내에 소재한 민간병원 한 곳을 견학하기로 했으며, 업무상 재해 근로자의 직장 복귀를 향상시킬 수 있는 의료재활시설 현황에 관심을 가지고 보기로 했다.

40~50분을 차량으로 이동하여 오전 9시 30분, 콜롬보 외곽에 소재한 공공병원에 도착했다. 앞에서 말했듯이 스리랑카의 경우 모든 국민에게 공공병원을 통한 무상의료서비스가 제공된다. 입원 환자의 식사비 등 모든 치료비용이 무료이며, 공공병원에서는 치료비를 보건부에 청구하여 지급받는 시스템이다. 방문한 병원은 낮은 언덕에 위치해 있고 부지는 넓은 편이었다. 당시 병원 이름을 기록하지 못하여 이 글에서 병원명을 기재할 수가 없다. 아무튼, 방문한 병원은 공공병원이었고, 환자의 대기수가 많았는데, 특히 약 처방 창구는 줄이 아주 길었다. 길게 늘어선 줄 속에 서 있는 스리랑카 서민들의 눈망울들이 보였다. 다소 슬퍼 보일 수도 있지만 힘겨운 삶을 건디며 살아 온 깊은 내면의 모습도 비쳐 보이는 듯했다. 재활 시설은 물리치료사가 1명밖에 없는 등 낙후된 편이었

스리랑카 출장을 통한 현지 조사 수행

다. 공공병원 중 재활 전문병원은 스리랑카에 한 곳밖에 없다는 말도 들었다. 1시간가량의 방문을 마치고 콜롬보로 다시 이동했다.

공공병원 약 창구에 길게 늘어 서 있는 스리랑카인들

이에 반해 다음 목적지로 도착한 민간 병원의 경우, 환자의 대기 수가 적고, 공공병원보다 시설이 좋으며, 재활치료시설도 잘 갖추어져 있었다. 병원의 이름은 '아마리 외과병원(Amari Surgical Hospital)'이었고, 은행들과 단체계약을 맺어 은행 직원들의 건강검진도 한다는 이야기를 들었다.

일행과 같이 한국 식당에 들러 점심을 먹고 약간 휴식을 취한 뒤 오후 2시 넘어 국제노동기구 스리랑카 사무소를 다시 방문했다. 회의실에는 스리랑카 노동계 측의 대표로 참석한 실론노총(CWCs) 부회장인 마리움투 변호사와 랑카 자디카 플랜테이션 농장 노조(LIEWC) 부회장, 전국노동조합연맹(NTUF) 사무총장 및 전국 플랜테이션 농장 노조연맹(NESU) 사무총장의 직위를 가지고 있는 모히딘 사무총장이 미리 와서 기다리고 있었다.

오후 2시 30분부터 약 1시간 동안 미팅이 이루어졌다. 우선, 스리랑카 노동조합의 특성은 전국적이고 통일적인 핵심 노동조합이 없고, 산업별, 사업장별로 여러 노동조합 단체들이 산재되어 있다고 했다. 우리 일행과 노동계 측에서 참석한 마리움투 변호사와 모히딘 사무총장과의 면담은 마치 사업장의 단체교섭현장과 같은 분위기가 연출되었다. 우리 일행이 마치 사업주 측의 입장이고, 참석한 노동계 측의 두 분이 단체교섭 테이블의 맞은편에 앉아 있는 노동조합 대표들처럼 회의 내내 언성을 높이며 강한 어조를 전달했다. 다소 이해하기가 힘든 분위기였지만 노동계 특성으로 이해해야만 했다. 우리 일행이 사업주 측의 대변자들도 아니지만 향후 스리랑카에 산재보험을 도입시키기 위한 조사였으므로 노동계 입장에서는 관련된 이슈에 대해 목소리를 더 높이고 싶을 것이고 스라링카 노동계측 대표자의 입장에서 오늘 회의에 참석한 점 등을 고려한다면 이렇게 행동하는 것은 어느 정도 이해할 수 있었다.

나는 마리움투 변호사와 모히딘 사무총장에게 스리랑카의 현 사업주 직접 보상방식에서 산재보험으로의 전환에 대한 국제노동기구의 지원배경을 설명했다. 이에 두 사람은 국제노동기구의 지원 및 연구 수행을 환영한다고 대답했고, 최근 발생한 산재사고에 대해 언급하겠다고 하며 이후 언성을 높였다.

2011년 8월 13일에 발생한 플랜테이션 농장의 보일러 폭발 사고로 3명의 근로자가 사망하고 1명의 근로자가 중상을 입었다. 차 플랜테이션[4]의 경우 잎을 찌는 공정이 있어 보일러 시설이 필요한데, 이 보일러가 폭발한 것이었다. 그분들은 사고와 관련하여 유족들이 현 산재보상법상 받을 수 있는 금액은 일시금으로 유족들의 생존권을 보장하기에는 턱없이 부족하다고 말했다. 그러므로 유족일시금은 근로자가 사망당시부터 60세까지 근무할 경우 벌 수 있는 소득액을 예상하여 산정하는 방식으로 변경이 되어야 하며 산재보험도입과 관련하여 이 부분이 고려되어야 한다고 주장했다.

이에 대해 나는 최근 발생한 보일러 폭발 사고로 인한 산재 사고에 대해 유감을 표시하고 현 유족일시금은 임금 수준에 따라 근로자 임금의 2~5년치 금액이 지급되는 것으로 이해하고 있으며 이번 연구가 재정추계, 현재의 보상금액, 국제노동기구 기준 등을 참고하여 근로자 및 유족의 생존권을 보호하는 차원으로 이루어지

---

4) 스리랑카의 3대 생산물은 차, 고무, 코코넛이다. 그중 홍차는 세계적으로도 유명하며 수출을 많이 하고 있다. 스리랑카 해발 2천 미터의 고산지대를 차로 달리다 보면, 수많은 차 플랜테이션 농장들을 볼 수 있다.

도록 노력하겠다고 대답했다.

마리움투 변호사와 모히딘 사무총장은 산재보험 도입 준비를 위한 국제노동기구의 과정은 시기적절하며 매우 합리적인 것으로 생각되고 그 과정에 노동자 단체가 참여할 수 있는 기회와 정보를 공개해 주어서 고맙다고 말했다. 이에 나는 이후 국제노동기구의 연구용역과 관련된 일정을 말해 주었고, 두 분을 통해 생생한 현장의 목소리를 듣게 해 주어서 고맙다는 말로 마무리했다.

스리랑카에서 공식적 일정의 2일차를 마치니 피곤이 많이 몰려 왔다. 김진수 교수님과 연구원 두 분과 함께 호텔 야외 식당에서 식사와 함께 맥주를 마시며 저녁 시간을 보냈다. 스리랑카까지 오셔서 같이 의미 있는 일을 해주시는 교수님과 연구원 분들께 고마움을 느꼈고, 이런 훌륭한 분들과 잠시라도 같이 얘기를 나누며 스리랑카의 산재보험 구축이라는 목표하에 일하게 된 것에 개인적으로 행복을 느낄 수 있었다.

스리랑카 현지 조사 3일차

2011년 8월 24일 수요일이 되었고, 3일차 아침이 밝았다. 오전에는 스리랑카 산재보상위원회(Commission of Workmen's Compensation)를 방문했다.

스리랑카는 산업재해에 대한 사업주의 직접 보상 시스템을 적용하고 있으며 사업주가 산재보상법(Workmen's Compensation Ordinance)에 따라 업무상 사고 혹은 질병을 입은 근로자에게 직접 보상을 해 주는 방식이다. 산재보상법은 무과실 책임원칙을 띠고 있고, 업무상 사고의 종류, 업무상 질병 리스트 및 인정범위, 보상 종류 및 금액 산정, 장해정도 산정 등을 담고 있으며, 산재보상법의 집행을 위해 산재보상위원회를 두는 근거 규정 및 위원회의 권한에 대한 내용도 마련되어 있다.

업무상 사고 및 질병에 관한 보상 과정에서 근로자(혹은 사망 근로자의 유족)와 사업주 간에 이견이 있어 실질적 보상이 이루어지지 않는 등의 경우에 근로자 혹은 유족은 사고일로부터 2년 이내에 사업주를 상대로 위원회에 진정을 할 수 있다. 진정 사건이 위원회에 접수되면 3명의 위원회 위원(Commissioner) 중에서 사업장의 소속된 지역을 관할하는 위원에게 사건이 배당되며 담당 위원은 민사소송절차에 준하여 사건을 진행한다.

위원은 사업주에게 답변서를 제출하도록 하며 사업주가 해당 근로자의 주장을 인정할 경우 자문의사의 노동능력상실율 소견을 바탕으로 보상금액을 결정하지만, 사업주가 해당 근로자 혹은 유족의 주장에 반대할 경우에는 소송절차에 준하여 최종 판결을 내린다. 위원회의 최종 결정은 민사소송의 1심의 판결 효력이 있으며, 근로자 또는 유족은 산재보상법의 해당 규정에 따라 보상 판결을 받는다. 그러나 당사자 중 한쪽이 결정에 불복할 경우 상급 법원에 항소할 수 있고, 상급 법원의 판결에 불복할 경우, 대법원에 상고할 수 있다.

산재보상위원회의 결정이 확정되면, 사업주가 그 결정 내용에 따른 보상금액을 피해 근로자 혹은 유족에게 지급해야 하지만, 사업주가 채무를 이행하지 않을 경우에는 위원장은 사업주 동산을 압류 결정하고 공매하여 보상금액 중에서 전부 혹은 일부를 지급할 수 있다. 이와 더불어 근로자 혹은 유족은 위원회 판결을 권원으로 사업주의 부동산을 압류할 수 있다. 사망사건의 경우, 유족보상금(일시금)의 수급권자는 망인의 처, 망인의 법적 직계 비속, 망인의 미혼인 딸들, 망인의 홀어머니가 되며 다른 가족들도 망인에 경제적으로 전적 혹은 부분적으로 의존할 경우 수급권자가 될 수 있으며, 사업주는 위원회에 유족보상금액을 위원회 계좌에 입금해야 한다. 입금된 금액은 위원회의 결정에 따라 인정된 수급권자들에게 나누어져 지급되며, 수급권자 중에서 18세 미만이 있을 경우 수급권자가 18세에 도달할 때까지 위원회에서 해당 수급권자의 몫만

큼의 금액을 대신 관리해 준다.

이 밖에 위원회는 민간보험사의 보험상품 중에서 업무상 사고 및 질병 등에 관한 상품의 약관을 승인해 주는 권한과 더불어 사업주로부터 자기 사업장의 산재 건수, 내용, 금액 등에 대해 보고를 받을 권한도 가지고 있다.

오전 9시 30분부터 약 2시간 동안 위원 3명과 면담을 가졌다. 설리 아마라세카라 위원장은 국제노동기구의 기술지원 취지에 공감하며, 기술지원 활동이 성공을 거둘 수 있도록 연구 수행에 적극적으로 협조해 줄 것을 약속했다. 덧붙여, 스리랑카 산재보상의 문제점은 산재보상위원회에서 결정을 내렸어도 사업주가 사실상 지급 의사가 없거나 강제 집행할 재산이 없을 경우, 근로자 혹은 유족이 보상을 받을 방법이 없고, 소송과정이 장기화될 경우 근로자 및 가족들이 빈곤계층으로 전락할 수 있으며, 중소 규모 사업장의 경우 민간보험 가입도가 낮고, 산재보상시스템에 대한 사업주 및 근로자들의 인지도가 낮다고 말했다.

세 명의 위원들 중 수석위원이자 산재보상위원회 위원장인 설리는 2005년에 한국-국제노동기구 협력 프로그램의 일환으로 한국을 방문하여 산재보험 분야 초청연수에 참가하여 산재보상에 대한 국제적 기준 및 한국의 산재보험 운영 사례를 학습했으며, 칸

디 라나싱 부위원장은 2009년에 연수 프로그램에 참가했다고 했다. 이렇듯 산재보험에 대한 이해도와 스리랑카의 제도 도입 필요성에 공감을 갖고 계신 분들이 위원회에 계셨다.

설리 위원장은 2005년에 산재보험 초청연수에 참가하고 돌아온 후, 스리랑카 노동부에 산재보험 도입을 건의했는데, 당시의 건의는 공공부문 운영의 산재보험이 아닌 민영보험 강제가입 방식을 통한 산재보험제도였다. 그러나 민영보험사들에서 제시했던 보험요율이 너무 높아 해결점을 찾지 못하고 진행이 중단되었다고 한다. 현재의 산재보상법은 영국 식민지 시절인 1934년에 제정되었고, 2005년에 보상금액을 약간 상향하는 내용으로 산재보상법 제10조에 대한 개정이 이루어졌다는 내용을 추가로 들을 수 있었다. 우리는 개정된 산재보상법 규정을 인쇄물로 받았으며, 위원회에 보고된 최근 5년간 산재보상 통계자료를 요청했으며, 이후 이메일로 관련 자료를 받았다.

위원회 건물을 나오기 전에 2차 대전 당시의 영국군 제복과 같은 유니폼과 모자를 쓴 키가 큰 직원 분이 우리를 아래층까지 안내해 주었다. 스리랑카의 공공기관 건물 구조, 사회시스템, 경찰 제복을 보면 스리랑카가 영국 문화의 영향을 많이 받았음을 알 수가 있다.

스리랑카 현지 조사 중인 김진수 교수님과 나

오후에는 스리랑카 소재 한국대사관 대사님이 소개해 준 한국 기업체(제조업체)를 방문하기로 예정되어 있었다. 그 업체는 콜롬보 외곽에 자리 잡고 있어 우리가 임대한 차량으로 이동하는 도중에 스리랑카 현지 식당에서 점심을 먹었다. 카레향이 나는 치킨 요리를 쌀밥과 같이 먹었다. 이후 카레 요리를 더 먹어 봤는데 카레 종류가 최소 15개는 있는 것처럼 보였다. 우리나라 사람의 입맛에 맞는 카레는 달 카레(Dahl Curry)라고 하는 건데, 노란색 카레로 우리나라에서 먹는 카레와 비슷했다.

콜롬보 외곽 부근에 있는 강을 가로지르는 다리를 넘으니 행정구역상으로 콜롬보를 벗어났다. 거기서부터 약 40~50분을 더 차량으로 이동해서 한국 교민 분이 운영하는 제조업체를 방문했다. 앞서 말했듯 김진수 교수님이 스리랑카 소재 한국 대사관 대사님께 직접 협조를 구해서 스리랑카에서 20년 정도 제조업을 운영하고 계시는 제조업체 회장님과 미팅을 가지게 된 것이다. 이는 스리랑카의 공공기관을 방문하여 얻는 공식적 정보나 데이터와 별도로 사업장을 방문하여 추가적 정보를 얻어 법령과 실제와의 괴리를 극복하기 위해서였다.

이 사업장은 카니발, 파티에서 사용되는 물품을 제조하는 곳으로 수출을 주로 한다고 했다. 사업체 회장님은 부산에서 중소기업체를 운영하다가 한국에서 인건비가 상승하자 외국으로 공장 이전을 추진하던 중에 한국무역투자진흥공사(KOTRA)와의 상담을 통해 1990년대 초반에 스리랑카로 공장을 이전했다고 하셨다. 스리랑카에서 사업을 시작한 초반 무렵, 소속 근로자가 공장 내에서 정화조 맨홀을 옮기던 중에 근로자 본인의 실수로 손가락이 절단되는 사고를 당했는데 당시 회사 인사담당이 보상금액을 건의하고 보상이 이루어졌다고 했다.

임금수준, 장해 정도에 대해 회사마다 실제 보상금액이 서로 다르고, 다른 사업장에서 더 많은 보상을 해 주었다면, 그 정보를 근거로 근로자가 소속 사업장에서 보상을 더 많이 요구하는 경향이 있다고 했다.

그분은 노동조합 중심의 움직임이 과거에 비해 상대적으로 커지고 있으며, 근로자들도 노동법상의 권리에 대한 인식이 커지고 있어서 스리랑카에도 산재보험이 도입되어야 한다는 필요성에 동의한다고 했다. 또한 현 스리랑카 대통령은 노동부 장관 출신으로 근로자의 권리 향상 등에 관심이 있고, 국가 재건을 위해 경제발전(인프라 구축 등)과 정치 안정화(과거 정부군과 전쟁을 했던 타밀족 거주 지역 발전 및 민심 회복)에 힘쓰고 있다고 했다. 대신 제조업 육성에는 관심이 낮다고 말하면서 다소 섭섭함을 표현하셨다. 사업체 회장님께 좋은 말씀을 들려주신 데 대해 감사하다고 말씀드리며 사업장을 나와 다시 차량으로 콜롬보로 돌아왔다.

스리랑카 현지 조사 4일차

2011년 8월 25일 목요일 오전에는 한국 대사관에서 소개해준 한국 업체가 시공하는 공사 현장을 방문하여 한국인 관리자 분들과 면담을 가졌다. 한국 건설업체에서 당시 공사 중이었던 콜롬보 항만 확장 공사현장이었다. 이곳을 방문한 목적도 스리랑카의 공공기관을 방문하여 얻는 공식적 정보나 데이터와 별도로 사업현장을 방문하여 추가적 정보를 얻어 현행법과 실제와의 괴리를 극복하는 것이었다. 현장사무소에서 행정부장님 등 네 명의 관계자 분들이 우리 일행을 맞이해 주셨다.

스리랑카 정부는 인프라 구축 등 국가재건사업에 대한 열정이 강하며 싱가포르를 모델로 하고 있었다. 그러한 와중에 인도의 물류를 대상으로 항만사업 육성 차원에서 콜롬보의 항만을 확장하는 사업에 한국 건설업체가 참여한 것이다. 인도가 제조업을 육성하는 것과 차별적으로 스리랑카 정부는 항만 물류사업, 관광과 같은 서비스업 육성에 중점을 두고 있다고 한다. 그러나 스리랑카 인구도 2천만 명 정도이므로 싱가포르와는 달리 제조업도 육성해야 한다는 정부 내의 주장도 있다고 했다.

한국 건설업체는 건설현장의 산재에 대해 민간보험사에 가입했으며, 현장 근로자들은 한국에서 파견된 직원 이외에 외국인 근로자들은 주로 방글라데시 숙련공들이며, 단순 노무직으로 스리랑카인이 근무하고 있다고 했다.

당시 연초에 하도급업체 소속 스리랑카 근로자가 현장 내에서 교통사고를 당하여 사망하여 하도급업체 사업주가 유족에게 보상을 했지만 유족들이 적절한 산재보상금액에 대한 정보가 없어 사업주가 지급한 금액을 단순히 수령한 것 같아서 체계적으로 산재보험을 통한 지급의 필요성을 느꼈다고 했다.

오후에는 스리랑카 소재 한국 대사관의 대사님과 면담을 가졌다. 특히, 김진수 교수님은 지인이신 당시 오스트리아 비엔나 소재 한국 대사님을 통해 스리랑카 한국 대사님에게 이번 연구수행을 위한 출장에 대한 협조를 요청한 터라서 대사님에게 많은 고마움을 표시하셨다. 대사님은 이번 연구 수행과 관련된 스리랑카 기술지원 사업은 아주 의미가 있으며 가능한 지원을 아끼지 않겠다고 말씀하셨다.

스리랑카 현지 조사를 마무리하며

2011년 8월 26일 금요일 오전에는 산업안전보건연구원을 다시 방문하여 산업별 사고 통계, 건설 분야 산재 건수 및 질병 데이터에 대해 추가 면담을 가졌다.

오후에는 휴식을 가진 이후에 공항으로 이동하여 나는 방콕으로 가는 스리랑카 항공에 몸을 실었고, 김진수 교수님은 다음 날 비엔나로 가기 위해 두바이를 경유하는 비행기를 탔으며, 다른 연구원 두 분은 한국으로 돌아가기 위해 싱가포르를 경유하는 비행기에 타셨다. 이렇게 5박 7일간의 의미 있는 여정을 마치게 되었다.

이번 출장을 통해 얻게 된 성과는 스리랑카 노사정이 현 사업주 직접 보상제도에서 산재보험으로의 전환에 대한 필요성을 느끼고 있음을 공통적으로 확인하고, 노사정의 구체적 입장을 파악

할 수 있었던 것이었다. 또한 추가적으로 관련 기관의 방문을 통해 스리랑카 산재사고, 질병, 보상에 대한 현황, 데이터를 입수하고, 의료서비스 체계를 이해할 수 있게 되었다.

이와 함께 반드시 감안해야 하는 점이 산재보험 도입과 관련한 스리랑카의 특수성이다. 스리랑카는 과거 영국 식민지의 영향에 의해 보통법(Common Law)에 바탕을 둔 영미법계의 국가라는 것이다. 영미법계의 국가들이 대부분 산재보상에 있어서는 민간보험 강제방식으로 운영하고 있으며, 스리랑카에서는 2006년도에 이러한 시도가 실패로 끝났다. 내가 의도한 기술지원 사업은 정부 운영의 사회보험 방식에 바탕을 두고 있는 것이어서, 스리랑카는 다소 실험적인 무대가 될 것으로 예상되었다. 즉, 영국계의 문화에 유럽 대륙적인 사회보험을 도입하는 방식이다. 아시아에서는 영미법 계통의 국가 중에서 말레이시아가 사회보험을 운영하고 있는 사례에 해당하므로, 말레이시아의 사례도 검토해 볼 필요가 있었다.

스리랑카에서는 사업주가 자발적으로 가입하는 민간보험사들이 이미 산재보상 수요에 대해 일부 기능을 하고 있으므로, 향후 도입되는 산재보험과의 관계 정립이 필요했다. 그리고 스리랑카의 비공식 분야 근로자가 전체 근로자의 60% 이상을 차지하여 공식 근로자에 대해 제도가 제한적으로 도입이 된다면, 비공식 분야를 포괄하지 못하는 적용의 한계와 사회보험 인지도의 저하가 우려되었다.

2011년 5월에 스리랑카에서 발생한 노동운동 및 시위 도중에 발생한 시위 근로자의 사망 사고로 노령연금 개혁이 무효가 되었는데, 이는 노사정 대화를 소홀하게 한 이유도 있으므로, 산재보험 도입 과정에서는 성급한 진행보다는 시간이 걸리더라도 충분한 노사정 대화를 통해 이해당사자인 사업주와 근로자 측을 설득시키는 것이 중요했다.

마지막으로, 스리랑카에는 공공병원을 통한 무상의료서비스가 존재하여, 산재보험 도입 시 요양급여를 도입할 필요는 없지만, 재활 시설이 낙후되어 산재보험 도입 시 산재보험기금을 통한 재활지원의 검토가 필요하다는 점은 함께 출장을 수행하신 분들이 공감하는 부분이었다.

스리랑카 노사정의 한국 방문 및 사례 학습

약 일주일간의 현지 조사를 마치고 태국으로 돌아온 이후로 일주일간은 피로와 허리통증으로 고생을 했다. 피로는 여독으로 왔다고 볼 수 있겠지만, 허리통증은 스리랑카에서 주로 차량으로 이동했기 때문이라는 생각이 들었다. 그동안 운동 부족으로 척추 근육이 많이 약해졌다는 생각이 들었고, 다음 해 2월부터 아내의 권유로 태국의 전통무술인 무에타이를 시작하게 되었고, 귀국한 이후에도 비슷한 운동을 계속 하고 있는 중이다. 현지 조사를 위해 스리랑카에 출장을 오셨던 김진수 교수님 및 연구원 두 분도 귀국 후 많이 고생하셨을 것이라는 생각이 들었다. 나중에 들으니 모두들 나처럼 여행 후유증으로 역시 많이 힘드셨다고 한다.

2012년 초에 연구결과가 나오기 전에 산재보험에 대한 스리랑카 노사정의 이해도를 높이기 위해 2011년 10월 말경에 스리랑카 노사정 7명을 대상으로 한국 산재보험 초청연수를 계획했고, 근로복지공단이 한국에서의 숙식 및 연수 내용 등을 제공하는 등의 한국-국제노동기구 협력 사업으로 추진했다.

2005년부터 매년 아시아 국가 공무원들을 국제노동기구, 한국 고용노동부, 근로복지공단이 협력하여 한국으로 초청하여 산재보험에 대한 연수를 실시했는데, 스리랑카도 매년 참가했다. 2008년에 스리랑카 노사정이 연수에 참가한 적이 있었는데, 2011년에는 스리랑카 산재보험 도입 기술지원 프로젝트와 관련하여 스리랑카 노사정만을 대상으로 한 특별 연수가 마련되었고, 이는 노사정 참가자들의 산재보험제도에 대한 이해를 높이기 위해 준비되었다.

2011년 9월에 국제노동기구 아시아·태평양 지역사무소에서 연수에 대한 초청장이 국제노동기구 스리랑카 사무소를 통해 스리랑카 노동부로 전달되었고, 스리랑카 노동부가 스리랑카 노사정 참가자 7명의 명단을 국제노동기구에 제출했다. 스리랑카 정부에서 3명, 경영계에서 2명, 노동계 2명이 참석했다. 스리랑카 정부 측에서는 8월 스리랑카 출장 기간 중에 만났었던 스리랑카 산재보상위원회 셜리 위원장, 스리랑카 노동부의 산업안전분야 노동 위원장인 위제순다라, 스리랑카 노동부 산업안전위생 부위장인 와자라 마헤시 파리파나 박사가 참석했다. 경영계 측에서는 스리랑카 경총의 회장보인 디팔 위자야랏, 스리랑카 경총의 산업관계 수석 자문인 프라사드 드 실바 변호사가 참석했고, 노동계 측에서는 실론 플랜테이션 농장 노동조합(CESU) 사무총장인 위제완다 마시리 아마라싱과 노동조합연구 및 교육을 위한 전국연합(NATURE)의 사무총장인 투안 만수르 라힘 라시딘이 참석했다.

초청연수는 2011년 10월 24일부터 28일까지 개최되었고, 노사정 대표 7명은 싱가포르를 경유하여 23일 한국에 도착했다. 지금은 대한항공 직항이 콜롬보와 인천 간에 있지만 당시에는 없었으므로 제법 긴 시간을 이동하여 왔다. 경유 대기 시간까지 고려하면 15시간 정도가 소요된 것이다. 참가자들의 연령이 40대 중반부터 60대 후반까지로 구성되었으므로 많이 피곤하셨으리라 짐작된다. 산재보험이라는 이슈와 관하여 스리랑카 노사정의 대표로 참석했다는 의미에서도 그렇고 나중에 느낀 것이지만 개인적인 자질 면에서도 뛰어나고 열정적인 분들이셨다.

숙박 및 강의장은 서울 소재 호텔에서 진행했고, 관련 기관 방문 및 서울투어 등도 프로그램 속에 덧붙였다. 국제노동기구 측에서는 한국-국제노동기구 협력사업 담당 행정 직원과 내가 참석

한국에서 개최된 산재보험 초청연수에 참가한 스리랑카 노사정 대표들의 강의 경청 모습.

했다. 나는 국제노동기구의 입장에서 산업재해에 대한 보상에 관한 국제노동기구 협약 및 아시아 국가들의 산재보험 비교 분석에 대한 강의를 제공했다. 8월에 스리랑카 현지 조사를 같이 수행하셨던 연구원 한 분도 당시 연구 수행 중이었던 내용의 일부분을 '스리랑카 산재보험 도입배경'이라는 제목으로 강의했다. 그리고 근로복지공단에서 한국 산재보험제도 개요 및 제도 분과별로 강의를 진행했고, 관련 기관으로 근로복지공단 인천산재병원 및 재활공학연구소, 한국산업안전공단을 방문했다. 스리랑카 노사정에서도 각각 자신들의 입장에서 스리랑카 산재보상 시스템 현황, 문제점, 개선 과제 등에 대해서 발표했다. 토론 시간 중에는 노사정이 스리랑카에 산재보험이 도입되었을 때 어떤 방식으로 재정을 부담할지에 대한 열띤 격론이 있었다. 사업주 측은 근로자와 재원을 같이 부담해야 한다는 내용을 주장했고, 근로자 측은 부담에 대해 필요하다면 할 터인데, 그만한 사회보장적 효과가 있어야 한다는 내용이었다. 정부 측에서는 스리랑카 내에서 이런 논쟁을 하기는 민감해서 쉽지가 않은데, 해외에서는 자유롭게 토론할 수가 있어서 좋다고 했다. 노사정 대표들은 약 일주일간의 연수를 마치고 귀국했고, 각자가 속한 조직으로 가서 전파 교육을 실시했다.

산재 예방과
보상제도와의 연계 방안
연구 시작

　　이 장에서 얘기하려는 연구활동은 스리랑카 산재보험 도입을 위한 기술지원 사업으로 애초에 시작했던 것은 아니었다. 그러나 일부러 별도의 장으로 적은 것은 아래에서 적은 나의 연구활동의 결과가 결국에는 스리랑카 노사정 대표들이 산재보험을 도입하고자 합의하도록 설득시키는데 큰 논리적 도구가 되었음을 말하고 싶어서이다.

　　2011년 11월에는 당시 국제노동기구에서 나와 같이 근무하고 있었던 사회보장전문가인 발레리 슈미트의 소개로 국제노동기구 제네바 본부의 산업안전보건팀(SafeWork)의 산업안전보건 수석전문가인 애니 라이스가 기획 · 진행하고 있는 연구를 도와주는 일도 수행하게 되었다.

연구의 주제는 '산업재해에 대한 제도에서 예방과 보상의 효율적 연계방안'에 관한 것이었다. 연구의 동기는 국제노동기구의 구성원들인 회원국가들 노사정에서 제기한 비판에서 시작되었는데, 그것은 산재예방과 산업재해보상에 대한 협약은 각각 있는 반면에 예방과 보상의 연계 방안의 중요성 및 이에 대한 자세한 협약이 없다는 것이었다. 구체적인 협약 마련의 예비 단계에서 이에 대한 전 세계적 차원에서의 연구결과물을 내기 위함이었다. 국제노동기구 산업안전보건팀의 연구는 독일 전국 산업별 산재보험조합 총연맹(DGUV) 소속의 박사에게 용역을 주는 형태로 이루어졌고, 전 세계의 국가들 중 20~30개 국가들을 선택하여 설문지를 통해 해당국의 산재 예방과 보상의 연계 현황에 관한 정보를 수집하여 분석하는 것이 연구의 주요 방법론이었다. 나에게 발레리가 요청한 것은 설문지가 아시아권 국가들에게 잘 회수되도록 돕는 것이었는데, 시간이 지나자 설문지 회수는 제네바 본부 차원에서 이루어졌고, 연구 주제에 대해 나의 독자적이고 별도의 연구가 진행되게 되었다. 일정한 주기로 나의 문헌 조사 목록 및 요약집, 수집 데이터, 연구 초안 등이 국제노동기구 제네바 본부로 공유되었고, 제네바 본부의 최종 연구결과에 연구 성과 상당 부분이 인용되었다.

Technical Report: Building Synergetic
Linkage between Prevention,
Compensation, Return to Work in
Employment Injury Scheme in Asia and
the Pacific Region[1]

Jooyoung Kim[2]

(On secondment to ILO Decent Work Technical Support Team for
East and South-East Asia and the Pacific
From Korea Workers' Compensation and Welfare Service)

Email: kimj@ilo.org or kimjy72@naver.com

[1] This paper is not ILO's publication. It was originally made by the author by himself for helping the
participants in the ILO-Korea fellowship training on OSH in June, 2012 and on EII in October, 2012 or
further relevant training to understand his lecture on same subject of this paper. Later, relevant
more data and contents have been added to provide readers with more comprehensive perspective.
[2] The views expressed in this paper is solely the author's himself and does not necessarily represent
the view of the organization to which the author belongs.

산업재해에 대한 예방, 보상, 재활 간의
연계 구축에 대한 나의 연구물.

구체적으로는 2012년 3월에 관련 문헌 조사 목록 및 요약집이 국제노동기구 본부와 공유되었으며, 2012년 6월에는 나의 연구물 중간본이 완성되어 산업안전보건과 관련된 국제노동기구의 연수 프로그램에서 이 내용을 토대로 발제를 했고, 2012년 7월에는 연구물 중간본을 국제노동기구 본부와 공유했다. 국제노동기구 애니 라이스 수석 전문가의 훌륭한 점은 내가 비록 이 연구와 관련하여 국제노동기구와 정식 연구용역 계약을 맺은 사람이 아니었지만 내가 공유하는 내용들을 꼼꼼히 보고 적합한 부분을 수용하고 본인 밑의 관계 직원들에게 다시 공유해 주었던 점이다. 이런 점이 없었다면 나의 연구물은 그냥 단순한 개인적 성과로 그쳤을 것이다. 나의 연구물 잠정본에 대한 평가에서 애니 라이스는 본인이 의도했던 연구 방향을 정확히 짚어 주었다며 고마워했고, 실제 연구용역 계약을 체결했던 독일 박사의 연구물보다 훨씬 낫다고 평가해 주었다. 2013년에 국제노동기구 산업안전보건팀에서 연구물[5]이 '산업재해 예방을 위한 산재보험 제도의 역할 강화'라는 제목으로 발간되었는데, 나의 연구에 대한 공헌과 많은 부분을 인용한 것을 명확히 표시해 주었다.

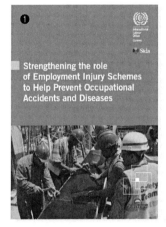

❶ 국제노동기구 SafeWork에서 산재예방과 보상의 연계 구축에 대해 발간한 연구물의 표지.
❷ 연구 인쇄물 서문에서 나의 공헌 부분을 인정해 주는 부분(색으로 표시된 부분).
❸ 연구물 내용 중에서 나의 연구물을 인용한 것을 명시하는 부분(색으로 표시된 부분).

---

5) Strengthening the Role of Employment Injury Schemes to Help Prevent Occupational Accidents and Diseases, 2013, ILO SafeWork

그 후, 2012년 말에는 발레리의 요청에 따라서 산재 근로 자의 직장복귀 지원 프로그램(Return-to-Work)을 연구물에 첨가하여 이듬해인 2013년 3월에 최종본을 완성했다. 나는 개별적으로 2012년, 2013년 국제노동기구의 산재보험연수프로그램에 이 연구물을 주제로 발표를 했으며, 2013년 4월 말에는 인도네시아 자카르타에서 열린 관련 국제 세미나에서 관련 내용에 대해 발표했다. 세미나에 참석했던 유러피언 포럼[6] 사무국의 드레슬러 도미니크가 출판에 대한 의사를 계속 타진했고, 2015년 하반기에 유러피언 포럼에서 나의 연구물을 공식 출판해 줄 예정이다.

스리랑카 산재보험 도입 기술지원 사업과 관련해서도 이러한 나의 연구결과물을 활용할 수 있었는데, 이는 스리랑카 노사정이 산재보험을 도입하도록 잠정 합의를 이끄는 데 주요한 이론적인 설득 도구로 사용할 수 있었다.

스리랑카 노동부 차관이 2012년 8월에 콜롬보에서 개최된 스리랑카 노사정 워크숍에서 산재보험과 예방의 연계 방안에 대한 아웃라인에 관한 내용을 듣고 향후 산재보험 제도를 도입하도록 결심하게 만들었고, 2013년 12월에 개최된 스리랑카 노사정

---

6) 1992년에 설립된 유럽 국가들의 산재보험 수행기관의 연합체. 산업재해 예방, 보상, 재활 분야의 발전을 위한 유럽 지역 내 연합체이며, 유럽 19개국 22개 기관이 회원이다.

자카르타 국제워크숍에서 산재 예방/보상/재활의 연계방안에 대한 나의 연구물 결과를 발표하는 모습.

회의에서는 그동안 산재보험 도입과 관련하여 가장 부정적인 반응을 보였던 사업주 대표들을 설득시킬 수가 있었다. 산재보험 도입을 통해 향후 구축될 보상제도와 예방제도의 연계 효과는 사업주와 근로자에게 모두 도움이 된다는 것이었다. 스리랑카 정부를 설득시킬 수 있었던 점도 산재보험을 도입하면 산재예방과의 연계적 역할을 구축하여 장차 예방정책에도 도움을 주며 이러한 예방의 결과로 산재보험기금의 안정화에 기여할 수 있어 사업주의 재정 부담을 낮출 수 있고 근로자도 재해율의 감소로 혜택을 본다는 것이었다.

스리랑카
1차 연구용역
결과의 제출

스리랑카 연구용역을 수행하셨던 김진수 교수님은 당시 오스트리아 비엔나대학교에서 교환교수로 가 계셨는데, 2011년 12월에 오스트리아, 독일, 스위스의 산재보험 전문가를 초빙하여 비엔나대학교에서 스리랑카 잠정 연구결과에 대해 세미나를 개최하고 초청된 전문가들의 피드백을 받으셨다고 했다.

2011년 12월 및 2012년 1월에 제출된 연구 잠정본에 대해 나의 피드백과 요구 사항이 추가 반영되어서, 2012년 2월에 연구 최종본이 제출되었다. 너무 기술적인 사항은 여기에서는 생략하고 연구결과물의 주된 내용을 정리해 보면 다음과 같다.

첫째, 스리랑카가 현재 산재보험을 도입해야 하는 타당성을 제시했다. 근로자 산재보상제도의 역사적 변천 과정, 산재보험이

스 리 랑 카 , 행 복 의 씨 앗 을 품 다

산업화의 기본 요건이라는 점, 사회보험 형태의 산재보험의 장점, 스리랑카에 있어 산재보험 도입의 시기적절성 등을 제시하여 스리랑카의 산재보험 도입의 타당성을 제시했다.

둘째, 산재보험의 대상 근로자 및 지역에 대한 적용 범위를 제시했다. 스리랑카에서 시행중인 근로자노령준비기금(EPF)의 적용 범위(현재 피보험자는 220만 명 정도)와 일치시켰는데, 자영업자 및 군인, 경찰 등과 같이 별도의 제도에 적용받는 근로자는 제외시켰다. 스리랑카의 비공식 분야 근로자가 경제활동인구의 62%를 차지하고 있는 점을 고려하여 향후 산재보험제도를 비공식 분야 근로자에 대한 점진적 확대를 제시했다. 덧붙여, 지역적으로 제도의 시범 실시를 거치지 않고 제도 도입 초반부터 전국 단위로 적용하는 것을 제안했다. 스리랑카의 경우 규모가 있는 사업장은 현 사업주 직접 보상제도에서도 어느 정도의 보상이 이루어지고 있으며, 소규모 사업장에 대한 실질적 소득 보장이 절실한 현실이고, 사업주 직접 보상제도에 바탕을 둔 산재보상법 및 산재보상위원회를 통한 법 집행이 76년임을 감안하면, 산재보험제도도 실행 가능성이 있을 것으로 판단되었다.

셋째, 산재보상급여의 내용과 관련된 것이었다. 장기성 현금급여(장해급여, 유족급여)는 현행 일시금 제도에서 연금 형태로 전환하되, 제도 도입 초기의 혼란, 스리랑카의 높은 인플레이션을 감안하여 수급권자가 3년 선급금을 선택할 수 있도록 하고, 3년 이후에는 연금으로 전환하도록 제시했다. 국제노동기구 관련 협약에서 명시한 급여 수준을 갑자기 스리랑카가 시행하기에는 현재의 재정, 경제 수준을 감안할 때 다소 무리가 있어 점차적인 산재보상급여 수준 상승을 목표로 했다. 업무상 재해 인정 기준, 장해 정도 산정 등은 현행의 스리랑카 산재보상법을 유지하며, 일부 미진한 부분에 대해서는 보완하는 것으로 했다. 요양에 대해서는 현재의 국가건강제도(NHS, 공공병원을 통한 무상의료서비스의 제공)로 산재 근로자에게도 적용하고, 산재 환자의 경우 장해 정도를 완화하고 사회복귀 촉진을 위해 재활급여 및 재활시설을 설치할 것을 제시했으며, 이는 일정 기금의 적립 이후에 도입하는 것이 좋다고 의견을 주었다.

넷째, 재정 및 보험요율에 관한 것이었다. 사업주가 전적으로 보험료를 부담하며, 기금적립방식으로는 도입 초기에 단순부과방식(Pay-as-you-go)이 운영의 간편성이 있으나, 재정의 장기적이고 안정적인 관리를 위해 절충방식(Half-funded system)을 적용할 것을 제시했다. 요율제도는 제도 도입 시 운영의 간편성 및 위험의 공동부담의 취지하에 단일요율제도(Uniform rating system)을 제시했다. 요율 산정의 전 단계로 향후 20년 동안의 지출 예상액을 대략 산정하는 재정 추계를 절충방식(Half-funded system)으로 추산했고, 추산된 지출액을 분담하는 방식은 단일요율제도를 적용했으며 잠정적 결과로 0.82%의 결과가 나왔다. 요양비를 별도로 산재보험기금에서 지급할 필요가 없는 스리랑카의 특수성을 감안하여 0.5~0.8%의 요율을 최종적으로 제시했다.

다섯째, 제도 및 기금 운영 주체에 관한 것이었다. 정부 혹은 정치권의 외압에 의한 기금의 부적합한 사용 등을 방지하기 위해 별도의 기구를 신설할 것을 제안했고, 스리랑카의 민간보험사들이 산재보험을 운영하는 민영화 형태가 아닌 공공부문에 의한 사회보험 형태를 추진하고자, 사회보험 형태의 운영의 장점을 최대한 설득력 있게 제시했다.

위와 같은 내용 및 기타 기술적으로 상세하게 추가된 내용이 최종 연구결과물에 담겨 2012년 3월에 국제노동기구 스리랑카 사무소를 통해 스리랑카 노사정에 공유되었고, 2012년 8월에 스리랑카 콜롬보에서 국제노동기구 연구결과에 대한 내용을 스리랑카 노사정에 다시 전파하여 현지에서 스리랑카 노사정의 피드백을 받는 노사정 워크숍을 개최하기로 했다. 그동안 스리랑카 노사정은 연구결과에 대한 내용을 검토하여 워크숍을 준비했고, 나도 기타 관련된 업무로 시간을 보냈다.

캄보디아
산재보험에 대한 영상
다큐먼트 작업

    이 장에서는 국제노동기구의 캄보디아 산재보험 지원과 현재의 운영 모습을 보여 주는 영상물이 스리랑카 사업에 어떤 도움을 주었는지에 대해 다루고자 한다.

    동남아, 네팔, 스리랑카 등 불교력을 양력과 같이 사용하고 있는 국가에서는 보통 4월에 새해가 시작된다. 태국의 경우 이 시즌에 쏭크란 휴가 시기가 시작되며, 유명한 물축제가 열린다. 이 시기에 나는 가족들을 데리고 방콕에서 콜롬보로 비행기를 타고 가서 약 일주일간 스리랑카의 시기리야, 캔디, 뉴와라엘리야, 네곰보를 여행하고 왔다. 가족들에게 내가 프로젝트를 수행하는 국가를 직접 보여 주고 싶었다.

    스리랑카 여행을 마치고 온 다음 주 월요일인 2012년 4월

스 리 랑 카 , 행 복 의 씨 앗 을 품 다

23일부터 4월 25일까지 캄보디아 출장을 다녀왔다. 캄보디아는 2008년 11월에 산재보험을 도입했는데, 2000년 초반부터 국제노동기구의 기술지원이 꾸준하게 이루어져 왔으며, 2005년부터는 한국-국제노동기구 협력사업의 일환으로 제도 디자인을 위한 연구, 산재보험 초청연수, 현지 컨설팅 등이 이루어져 왔다. 따라서 한국-국제노동기구 협력사업의 성과물의 하나로서, 현재 캄보디아 산재보험의 모습을 영상물로 만들기 위한 출장이었다.

한국-국제노동기구 협력사업의 직원인 나파폰과 홍보 전문가인 알란 도우와 같이 캄보디아 사회보장기금, 프놈펜 한국 대사관, 산재보험 장해연금 수급권자 2명과 유족연금 수급권자 1명을 만나 인터뷰와 영상물을 촬영했다. 2012년 4월 23일 오전에 방문한 캄보디아 사회보장기금(NSSF)은 산재보험을 운영하는 기관으로 2009년 12월에 출장으로 방문한 적이 있었는데 약 2년 반 만에 다시 방문하게 되었다. 2년 반 만에 다시 와 본 프놈펜을 보니 많이 발전했음을 알 수 있었다. 도로도 많이 만들어지고 새로운 건물 및 상가들이 많이 생겨났다.

2012년 4월 23일 오전에 알란 도우와 나파폰이 캄보디아 사회보장기금 본사를 촬영하고 보험급여국장인 분나와 인터뷰를 진행하는 동안 나는 본사 회의실에서 관련 직원들이 참석한 가운데,

캄보디아 산재보험에 대한 영상 다큐먼트 작업

캄보디아 사회보장기금 보험급여 국장인 분나가
업무용 차량을 배경으로 찍은 사진

산재보험의 재정운영 방식, 요율 산정, 예방과 산재보상과의 연계 방안에 대한 강의를 약 1시간 동안 진행했다. 보험급여 국장인 분나는 국제노동기구와의 인터뷰 촬영에서 "캄보디아가 산재보험 도입에서 필요했던 것은 돈이 아니라 제도 준비와 운영에 관련된 기술이었습니다. 재원은 우리가 사회보험료의 징수를 통해 해결할 수 있지만, 제도를 준비하고 운영하는 기술은 우리가 배워야 했고, 한국-국제노동기구 협력사업 프로그램은 많은 도움을 주었습니다."라고 말했다.

오후에는 프놈펜 주재 한국 대사관을 방문하여 담당 참사관님을 인터뷰했다. 한국-국제노동기구 협력사업 프로그램은 대한민국이 국제노동기구에 지원한 자금임을 감안하여 캄보디아 산재보험 기술지원 사업의 의미를 한국 정부의 입장에서 말씀하셨다. "캄보디아에서 한국의 투자가 2위를 기록할 정도로 양국이 가까우며, 캄보디아는 높은 경제성장률을 이룩하고 있는데, 사회보장제도의 구축은 산업화의 과정에서 필요하며 산재보험은 건전한 노사 문화에 기여할 수 있습니다. 이러한 점에서 한국-국제노동기구 협력사업 프로그램의 캄보디아 산재보험 기술지원은 공적개발원조(ODA)의 우수한 사례로 평가됩니다."

저녁에는 일행들과 메콩강 강가를 거닐며 산책했다. 다소 시원한 바람이 여행자들의 더위를 날려 주어 인도차이나에서의 휴식을 잠시나마 느낄 수 있었다.

다음 날인 2012년 4월 24일에는 캄보디아의 산재보험기금에서 연금을 받고 있는 연금 수혜자들을 인터뷰했다. 실제로 운영되고 있는 캄보디아 산재보험제도의 수혜자들을 인터뷰하는 것은 아주 의미가 있는 일이었다. 캄보디아 사회보장기금 본사에서 인터뷰 대상자 3명을 섭외해 주었는데, 업무상 사고로 인해 영구적인 장해를 입어 장해연금을 받는 젊은 여자 및 남자 각각 1명과 업무상 사고로 아들을 잃어 유족연금을 받고 있는 아버지 1명을 인터뷰하게 되었다.

오전에 방문한 곳은 22살의 봉 스레이몸이라는 아가씨의 집이었다. 프놈펜에서 자동차로 약 1시간 30분 정도가 걸리는 캄스퍼 지방에 살고 있었다. 봉은 당시로부터 약 2년 전에 발생한 출근 중 교통사고로 왼팔이 절단되는 끔찍한 일을 겪었다고 한다. 그

캄보디아 산재보험에 대한 영상 다큐먼트 작업

후 캄보디아 사회보장 기금으로부터 비용이 지급되는 병원 치료를 받았고, 치료기간 중에 는 임금 보전적인 보상 도 받았으며, 치료가 끝 난 후에는 70%의 노동 능력 상실률을 인정받

산재사고로 왼팔이 절단되어 캄보디아 국가사회보장기금에서 장해 연금을 받고 있는 봉의 자택 촬영 모습

아 매달 약 40달러의 연금을 받고 있다고 했다. 우리를 처음 봤을 때 봉은 수줍어하며 왼팔을 숨긴 채 보여주지 않으려고 했다. 캄보 디아 통역을 통해 우리와 대화를 나누며, 그녀는 마음을 열기 시작 했다. 사고 당시의 일을 생각하면 끔찍하고 지금의 처지를 생각하 면 처량해지지만, 자기와 같은 사고 희생자가 나오지 않기를 바라 며, 캄보디아 사회보장기금에 감사를 표현했다. 사고 이후 일은 못 하게 되어 현재는 부모님과 같이 살며 집안일을 거들어 준다고 했 다. 필름 촬영 및 인터뷰에 잘 협조해 주어 순조롭게 끝내고 오후 인터뷰 상대를 방문하러 다시 프놈펜으로 돌아왔다.

점심식사 후에 방문한 곳은 앙 벵의 집이었다. 앙 벵은 아들 이 업무상 사고로 죽어 사회보장기금으로부터 유족연금으로 매월

약 70달러를 받고 있었다. 아들은 사고 당시 약혼녀와 결혼을 앞두고 있었고, 공장 일을 하며 열심히 돈도 모으며 가정의 생계에 도움을 주고 있었다고 한다. 앙 벵이 사는 곳은 프놈펜 시에 위치한 아주 허름한 아파트였지만 임대비가 비싸 이웃들과 같이 임대료를 내며 한 방에 살고 있었다. 오래되고 더러우며 어두침침한 아파트 방 안에 여러 이웃들이 옹기종기 살고 있는 공간의 한편에 사고로 죽은 아들의 사진이 외롭게 걸려 있었다. 인터뷰를 마치고 아버지는 글썽이는 눈을 우리들에게 애써 보여 주지 않으려고 베란다 밖을 내려다보고 있었고, 거리에는 이러한 마음을 아는지 모르는지 오토바이들이 시끄러운 소리를 내며 지나가고 있었다. 앙 벵은 사회보장기금에 감사하고 있다고 말하며 인터뷰와 촬영에 협조해 주었다. 마음이 많이 짠했고, 이러한 일이 캄보디아뿐만 아니라 세계 모든 나라, 또 지금 제도를 도입하려는 스리랑카에서도 많이 발생할 것이라고 생각하니, 스리랑카 산재보험 도입 지원에 최선을 다해야겠다는 다짐이 들었다.

건물을 내려오니 건물 1층에 소재한 시멘트를 파는 상점에서 10대 초반의 남자아이 다섯 명 정도가 땀을 비 오듯 흘리며 시멘트 포대 자루를 트럭으로 싣고 있었다. 저개발국 및 개도국에서 흔히 볼 수 있는 아동노동(Child labour)의 모습이었다. 낮 시간이어서

아이들이 학교에서 공부해야 하는데, 공부 대신 당장 가족을 먹여 살리기 위해 육체노동의 현장에 있었다. 국제연합 차원에서도 아동노동 근절을 위한 노력을 많이 기울이고 있고, 사회보장적으로는 아동이 노동하는 대신 학교에 다닐 수 있도록 아동수당, 빈곤자 식량 배급 등의 제도가 도입될 수 있도록 노력하고 있다. 한 집의 가장이 산재를 당해 일을 하지 못해 소득이 없어지자 아이들이 학교 대신 거리 혹은 농장으로 가서 노동을 제공하는 현실을 방지하는 데 산재보험이 기여할 수 있으리라는 생각이 들었다. 그렇게 다시 한 번 각오를 다질 수 있었다.

산재사고로 왼쪽 눈이 실명되어 캄보디아 국가사회보장기금에서 장해 연금을 수령하고 있는 샵 파눕의 모습

다음 날인 2012년 4월 25일 오전에는 27살 된 샵 파눕의 집을 방문했다. 샵 파눕은 결혼해 아이도 있었다. 근무시간 중에 그라인더를 수리하다 그라인더 속의 베어링에 있는 쇠 공이 날아와 왼쪽 눈에 부딪혀 왼쪽 눈이 완전히 실명되었다. 사회보장기금으로부터 치료비와 치료기간 중에 휴업

으로 인한 소득 보전적인 보상을 받았으며, 치료 후에는 30%의 영구 장해를 판정받고 매달 21달러 정도의 장해연금을 받고 있다고 한다. 다행스러운 것은 치료 후에 삽 파눕은 원래 직장으로 돌아가서 사고 전에 하던 일을 약간 바꿔 다시 근무하고 있다는 것이었다. 산재보상과 함께 직장복귀에 성공한 하나의 사례인 셈이었다. 그는 외국인이 운영하는 공장에서 근무했는데 사업주로부터 공장에 대한 촬영 협조를 받기가 쉽지 않아 삽 파눕의 집에서 가사를 돕고 있는 모습과 함께 인터뷰 영상을 촬영했다.

촬영과 인터뷰를 모두 마치고 캄보디아 사회보장기금 본사로 돌아와 그동안 협조하여 준 것에 대한 고마움을 전하며 프놈펜 공항으로 가서 비행기를 타고 방콕으로 돌아왔다.

캄보디아 산재보험에 대한 다큐멘트 촬영 작업은 한국-국제노동기구 협력사업 프로그램에서 기획한 것으로, 나는 콘텐츠 구성 및 진행에 협조해 주었으며 알란 도우의

Ms. Vong Sreymom
suffered serious injury while commuting to work

동영상에서 봉의 인터뷰 모습

캄보디아 산재보험에 대한 영상 다큐먼트 작업

전문적 촬영, 인터뷰, 편집 등의 작업을 거쳐, 2012년 5월 말에 15분 정도의 영상물이 제작되었다. 이 동영상은 2012년 6월에 스위스 제네바에서 개최된 제 101차 국제노동총회(ILC) 기간 중, 협력사업(Partnership) 분과 회의에서 상영되었으며, 2012년 8월에 콜롬보에서 개최된 스리랑카 노사정 워크숍에서 상영이 되어 한국-국제노동기구 협력사업 프로그램의 기술지원 성과를 홍보했고, 스리랑카 노사정에게 산재보험 도입 이후의 장점에 대한 생생한 모습을 보여 줄 수 있었다.

수백 번의 말이나 글보다 산재보험 제도의 필요성을 느끼게 해 주는 한 편의 영상물이 더 효과적일 수 있다는 것을 알게 되었다. 노사정 워크숍 이후 스리랑카 노동부 차관을 단장으로 스리랑카 노사정이 캄보디아 산재보험 운영기관인 국가사회보장기금(NSSF)를 2012년 11월에 방문할 계획을 세워 나에게 중개 요청을 하여 방문이 진행되도록 중

한국-국제노동기구 협력사업 프로그램의 캄보디아 산재보험 기술지원 성과 홍보물

간에서 도와주었는데, 스리랑카 노동부 측의 하반기 일정이 복잡해져 방문은 실제적으로 이루어지지 못했다. 하지만, 캄보디아 산재보험에 관한 영상이 스리랑카 노사정에게 산재보험 도입의 필요성을 느끼게 하는 데 큰 도움을 주었다고 자신 있게 말하고 싶다.

캄보디아 산재보험에 대한 영상 다큐먼트 작업

스리랑카 노사정 워크숍 개최 및 전환점의 시작

2011년에 행했던 스리랑카 산재보험 도입 연구결과에 대해 스리랑카 노사정과 공유하고 토론하는 자리를 가지기 위해 2012년 8월 23일부터 24일까지 이틀 간 콜롬보에 소재한 시나몬레이크 사이드 호텔에서 노사정 워크숍을 개최했다.

국제노동기구 스리랑카 사무소의 프라모의 협력으로 현지의 개최 준비가 이루어졌고, 연구에 참여하셨던 김진수 교수님과 연구원 한 분은 오스트리아 비엔나에서 스리랑카 콜롬보로 오시도록 했으며, 다른 연구원 한 분도 한국에서 스리랑카로 오시도록 했다. 방콕에서 한국-국제노동기구 협력사업 프로그램 조정관을 하고 계셨던 한국 고용노동부 김환궁 과장님, 행정 직원인 나파폰과 함께 나는 워크숍에 참석하고자 스리랑카로 출장을 왔다. 김환궁 과장님은 과거 고용노동부 산재보상과에서 근무하신 적이 있어서 산재보험에 대한 이해도가 높고 내가 스리랑카 산재보험 도입 기술지원 사업을 원활히 추진할 수 있도록 많은 도움을 주신 분이다.

모두 49명이 워크숍에 참가했고, 정부 측에서는 21명, 노동계 측에서는 7명, 사용자 측에서는 12명(스리랑카 경총에서 3명, 대규모 사업장에서 9명), 연구용역 수행자 3명, 국제노동기구 측에서 7명(방콕에서 3명, 스리랑카 사무소에서 3명, 뉴델리에서 1명)이 참석했다. 국제노동기구 뉴델리 사무소의 사회보장 선임전문가인 마르크스 럭도 바쁜 시간을 내어 참석했다. 사실 스리랑카는 마르크스의 기술지원 관할 국가 범위에 속했으므로 그의 참석은 꼭 필요한 것이었다.

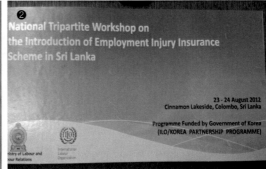

❶ 노사정 워크숍 참석자에게 지급된 서류 가방
❷ 노사정 워크숍 개최명, 시기, 장소, 로고 등이 담긴 디자인

첫째 날인 2012년 8월 23일 오전에는 주요 인사들의 환영사와 마르크스 사회보장 선임전문가의 '기초적 사회보장 구축에 대한 국제노동기구 및 UN의 전략 등'에 관한 강의, 나의 '산재보상에 대한 국제노동기구의 규약, 아태 지역의 산재보상 제도 현황, 예방과 보상의 연계'에 대한 강의, 스리랑카 노동부 위말라위라 수석차관보인의 '스리랑카 사회보장개요'에 대한 강의가 이어졌고, 오후에는 김진수 교수님, 연구원 두 분이 연구용역의 해당 분야에 대한 설명을 각각 진행하셨다.

이튿날인 2012년 8월 24일에는 전날 주요 내용에 대한 요약과 노사정 각각 세 그룹별로 산재보험 타당성 조사 연구결과 및 향후 방향에 대한 노사정 그룹별 토의가 이루어졌고, 오후에는 그룹별 토의 결과 발표 및 마무리 인사말이 있었다.

첫 날인 2012년 8월 23일에는 국제노동기구 스리랑카 사무소의 동린 리 사무소장의 환영사로 시작되었고, 이어 노동부 위자야위라 차관, 스리랑카 경총의 라비 페리스 회장, 스리랑카 노총(SLNSS)의 레슬리 데벤드라 위원장 및 스리랑카 콜롬보 소재 한국대사관 대사님의 인사말이 이어졌다. 경영계와 노동계의 목소리는 인사말에서부터 강하게 나왔다. 경영계는 새로운 제도는 환영하지만, 제도 준비 단계부터 유리한 입장을 선점하려는 입장이었고, 노동계는 제도에 대해 적극적인 수용의사를 밝히면서 제도 운영에 대한 정부의 능력 등에 대한 불신을 표시하며 처음부터 강한 입장을 보여 주었다.

노사정의 연구용역 내용 및 산재보험 도입에 대한 각자의 피드백과 목소리는 첫날 오후 연구용역 수행자들의 연구내용에 대한 발표에 이은 질의응답 시간부터 나오기 시작하여 2012년 8월 24일 오전 노사정 분임 토론 이후에 있은 토론 결과의 발표를 통해 요약되었다. 특히, 경영계 측은 강한 논조로 나를 비롯하여 연구용역을 수행하신 분들을 워크숍 현장에서 직접 공격하는 모습을 취했는데 이는 제도 준비 단계에서 유리한 입장을 선점하기 위한 것이었다. 현재의 스리랑카 산재보상제도는 보상수준이 낮고 보상금액의 지급여부에 대한 보장도 미약하기 때문에 사업주에게는 유리하고 근로자에게는 불리한 제도인데, 이러한 단점을 극복하기 위해 사회보험 형태로 위험을 공동부담하는 방식(Risk-pooling)을 취하고 이를 위해 사업주로부터 매월 재원을 징수하고자 하는 취지여서 사업주로서는 생산비용의 증가로 생각될 수 있으므로 그들의 저항은 충분히 예상되었고 당연한 것이었다. 그러나 막상 워크숍 현장에서 사업주 측의 거센 저항과 적대적인 눈빛, 언성을 대면하니 예상은 했지만 마음에도 큰 상처를 남겼다. 연구를 수행하신 김진수 교수님 및 연구원 분들도 워크숍 현장에서 대면한 사업주 대표들의 거센 저항에 힘드셨을 것으로 생각된다. 노사정이 워크숍에서 밝힌 각각의 입장을 종합하면 다음과 같다.

사업주 측에서는 제도 도입은 바람직하지만 가능성은 현안을 해결하는 것에 달려 있다는 입장이었다. 거시적인 면에서는 스리랑카의 관련 있는 현행 제도들에 대한 심도 있는 연구가 필요한데, 이는 제안된 산재보험이 산재보상법, 고용종료법, 국민건강제도, 근로자신탁기금, 근로자준비기금, 산전후 휴가급여, 산업안전보건, 사업장 단위의 보상제도와 같은 스리랑카에 기존재하는 제도와 어떻게 조정할 것이냐는 의미이다. 또한 '산재보험도입은 국가발전이라는 의제에 부합하는 것인가?'라는 의문을 제기했다. 또한 '산재보험 같은 유럽적인 모델은 이상적이기는 하지만, 우리 경제에 비용을 발생시키는 모델은 원하지 않는다.'라며, '새로운 제도의 재원과 관련해서는 스리랑카에 기존재하는 기금들을 사

스리랑카 노사정 워크숍에서 노사정별 분임 토의를 하고 있는 모습이며, 앞 테이블은 정부 측 토론 모습임.

스 리 랑 카 , 행 복 의 씨 앗 을 품 다

용할 수는 없는가?'라고 물었다. 또한 다음과 같은 질문과 의견들을 제기했다.

　산재보상법과 사업장 단위의 보상제도가 기존재하는 상태에서 산재보험이 기존 제도들을 대체하는 방법인가? 스리랑카 데이터를 이용하여 보험료를 산정하는 것이 필요하다. 사업주에게 산재보험은 어떤 인센티브를 주며 사업주는 산재보험으로 어떤 이득을 얻을 수 있을 것인가? 또한 산재보험은 생산성에 어떤 기여를 할 수 있을 것인가? 스리랑카의 비공식 분야 근로자가 약 60%를 차지하는 상황에서 산재보험은 경제에 어떤 도움을 줄 수 있는가? 기금의 설립과 관리는 어떠해야 하는가? 미시적으로는 기존에 비슷한 사회보장급여가 있고 그 재원에 대해 사업주가 납부하는데, 새로 산재보상을 위한 보험료를 납부하라는 것인가? 기존의 유사한 사회보장급여는 없어지는가? 산재보험제도의 산업안전보건에 대한 영향력은 어떠한가? 보험료를 납부하지 않으려는 문제는 어떻게 해결할 것인가? 보험사기 증가가 예상되며, 기금의 채무성과 운영비의 문제로 제도의 운영비용이 높을 것으로 예상된다. 제도 적용 범위를 어떻게 할 것인가? 공식분야 근로자에게만 적용할 것인가? 중소기업에도 적용을 할 것인가?

　덧붙여, 사업주 단체는 위와 같은 내용들과 관련한 심층 연

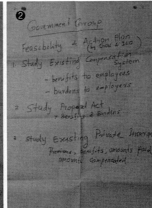
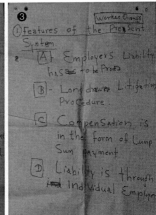

❶ 사업주 측 분임토의 시 기재된 토의 내용 앞장
❷ 정부 측 분임토의 시 기재된 토의 내용 앞장
❸ 노동계 측 분임토의 시 기재된 토의 내용 앞장

구를 주장하며, 이후 노사정은 국제노동기구 제네바 본부에 있는
노동자 활동국(ACTRAV) 및 사업주 활동국(ACTEMP)와 협력하여
노사정 대화를 전개해 나가야 하고, 액션플랜의 수립, 관련 부처와
의 협의, 실행 등을 준비해야 할 것이라고 말했다.

노동자 측은 '현행 제도는 비호감적이다(infavourable).'라고
단정을 지었다. 즉, 현행 스리랑카에서 산재보상을 받기 위해서는
통상적으로 피해 근로자나 유족이 사업주의 산재발생 원인에 대한
책임을 입증되어야 하고 소송절차 등으로 법적 분쟁이 장기화되
며, 일시금으로만 보상이 이루어지고, 개별 사업주를 통한 보상이

이루어지는 단점이 있다고 했다. 이러한 현행 제도의 문제점을 극복하기 위해서는 산재보상과 관련하여 무과실 책임주의에 기초해야 하고 법적 분쟁이 모든 사업주들의 집단적 책임주의에 바탕을 두어야 하며 사업주들이 기금을 사업장의 산업안전보건을 개선하도록 지원하도록 하는 것이 가능하도록 하고 장해보상과 유족보상금을 일시금에서 연금으로 전환하도록 해야 한다고 했다.

향후 추진과 관련해서는 적용 범위에 관한 문제, 출퇴근 재해에 대한 적용, 제도의 인지도 향상에 대해 노력해야 하며 적절한 시기에 추가 연구와 산재보험법안 작성을 위해 노사정 추진위원회를 설립해야 된다고 했다. 또한 기금의 운영은 노사정이 공동으로 구성된 위원회를 통해 관리되어야 한다고 했다.

정부 측은 '산재보험제도는 필요하다.'는 입장이었다. 그러나 현행 제도와의 중복성을 피하기 위해 추가 연구가 필요하며 산재보험제도는 근로자에게 득이 되고 사업주에게는 부담을 줄 가능성이 있는데, 기존 제도와 중복성을 최대한 피하여 사업주에게는 부담을 최소화해야 한다고 했다. 이득과 부담의 맥락에서 제안되는 법령을 살펴야 할 것이라고 했다. 또한 보험료, 급여, 보험료 금액, 보상금액의 맥락에서 기존재하는 민영보험들과 같이 살펴야 하며, 타당성 조사를 위해 표본 설문조사를 해야 할 것이며, 설문

내용은 재원의 부담자, 재원을 어느 정도 부담해야 할 것인지에 대한 내용, 미가입 사고 건에 대한 사업주의 재원 부담 정도, 담당 공무원들이 직면할 강제 보험에 대한 실질적이고 운영상의 문제점에 관한 것이어야 한다고 했다. 또 설문에 대한 보고서를 준비하여 추가적 노사정 워크숍을 개최해야 하며, 향후 법안과 시행을 준비해야 할 것이라고 했다.

노사정 모두의 의견을 종합한 결과, 제기된 주요 의견을 최대한 반영한 추가적 연구가 필요하게 되었고, 국제노동기구가 이 추가 연구에 대해서도 기술적이고 재정적인 지원을 계속 해 주기를 원했다.

2012년 8월 24일 오전 노사정 분임 토의가 진행되는 동안 스리랑카 노동부의 위말라위라 수석차관보는 국제노동기구 뉴델리 사무소의 마르크스 럭 사회보장 수석전문가 및 나와 별도의 미팅을 가졌고, 그 자리에서 스리랑카 노동부 차관의 메시지를 먼저 전달했다. 차관은 현재 스리랑카의 산재보상제도는 시대에 뒤떨어졌고(Outdated) 스리랑카의 현 경제발전에 의해 야기되는 산재보상 수요를 감당하지 못한다고 판단하고 있고, 산재보험도입을 위한 확고한 입장을 이미 정했다고 알려주었다. 그리고 덧붙여 말하기를 새로운 제도는 근로자의 입장에서는 반대가 없지만, 현행 사업주 직접 보상제도에서 사회보험 형태의 산재보험으로 전환하기 위해서는 먼저 사업주를 설득시키는 것이 필요하다고 했다. 이러한 점에서 국제노동기구의 지속적인 기술지원과 추가 연구에 대한 재정적 지원을 원하며 연구결과는 사업주 측을 설득시킬 수 있는 논리적 근거와 함께 스리랑카의 상황을 더 고려할 것으로 기대한다고 말했다.

노사정 분임 토의의 결과 발표가 끝나고 노동부 위말라위라 수석차관보는 노동부 차관을 대신해서 이틀간의 워크숍을 마치는 폐회사를 했다. 그는 우선 국제노동기구와 한국 정부에 깊은 감사의 표현을 했다. 워크숍에 참석한 노사정 대표들 전부는 기존의 제도를 검토해 보며 제안되는 산재보험과의 관계, 산재보험이 기존 제도에 미치는 파급효과에 대한 추가 연구가 필요하다는 데 동의한다고 했다. 또한 새로운 제도는 면밀히 검토되어야 하고 사업주들에게 추가적인 부담을 주어서는 안 된다고 했다. 스리랑카는 산업안전보건과 보상을 위한 제도가 이미 존재하지만 효율성은 별개의 문제였다. 경제는 새로운 패턴으로 바뀌고 있는데, 산업재해에 관한 현행 절차는 수요를 충족시키지 못했다. 따라서 산재보험이 월등히 낫고, 우리 노사정은 제도 제안을 원칙적으로 수용한다고 했다. 그러나 제도의 실제적 집행이 향후 이루어질 수 있도록 각 분야에서 추가적인 연구가 필요하며 이러한 점에서 정부는 국제노동기구가 제도를 도입하기 전까지 현실적으로 고려되어야 할 부분에 대해서 추가적이고 상세한 제안을 해 주기를 원한다고 했다.

그는 마지막으로 산재보험 도입과 관련한 노사정 추진 위원회(Tripartite Steering Committee for Employment Injury Insurance)를 설립하자고 제안했다. 이 노사정 추진 위원회는 산재보험 도입을 위해 관련된 후속 활동 및 추가적 연구를 원활하게 할 것이라고 했다. 워크숍에 참석한 노사정 대표들은 이 제안에 모두 동의했다. 이는 또한 스리랑카 노사정이 원하는 추가적 연구가 이루어질 것이며, 이후 활동은 이 노사정 추진 위원회의 메커니즘 속에서 이루어질 것을 의미하는 것이었다.

이번 워크숍을 통해 사업주들의 강력한 저항과 목소리들을 확인할 수 있었다. 다행히도 노사정 모두 현행 제도의 문제점을 인식했고 새로운 제도의 도입에는 원칙적으로 모두 동의했다. 노사정이 제의한 피드백은 제도의 준비 및 집행 단계에서 더 잘 진행될 수 있도록 하는 의미로 해석되어야 했다.

무엇보다도 값진 수확은 스리랑카 노동부 차관이 산재보험을 도입하는 것으로 입장을 정하고 있다는 점을 확실히 확인한 점과 이번 워크숍을 계기로 산재보험 도입 준비를 위한 노사정 추진 위원회 결성이 제안되었고, 노사정이 이에 모두 동의했다는 점이다. 아주 큰 수확이었다. 이 두 가지 점은 정책 준비를 위한 선도적 역할이 국제노동기구에서 스리랑카 정부로 넘어 가게 되었음을 의미하는 것으로 하나의 큰 전환점이 되었던 부분이라고 생각된다. 좀 더 학술적으로 표현하자면 모멘텀이 국제노동기구에서 스리랑카 정부로 옮겨졌다(The momentum was shifted from ILO to Sri Lankan government)고 표현할 수 있다.

산재보험 도입을 위한
스리랑카 노사정 태스크 포스팀 결성 및
1차 태스크 포스팀 회의 개최

2012년 10월에 산재보험 도입과 관련한 노사정 추진 태스크 포스팀(Tripartite Steering Task Force Team for Employment Injury Insurance)이 결성되었다. 스리랑카 노동부 차관을 의장으로 하여 그 외 9명으로 구성되었고, 추가 연구가 진행되는 동안, 중간보고를 받고 피드백을 주며 스리랑카의 산재보험도입에 최종 합의할 때까지 제안된 제도에 대해 토론하는 역할을 맡게 되었다. 태스크 포스팀의 구성원은 다음과 같았다.

○ 스리랑카 경영자총협회 카니쉬카 위라싱 부회장

○ 리트로 가스 랑카 법인의 사나스 에디리위라 인사국장

○ 스리랑카 노동자총연맹(SLNSS)의 레슬리 데벤드라 위원장

○ 근로자신탁기금 위원회의 망갈라 구나라다나 국장

○ 스리랑카 노동부 노동위원회 수자다 위제순다라 산업안전위원

○ 스리랑카 노동부 위말라위라 수석 차관보

○ 산재보상위원회 라자구라 부위원장

○ 스리랑카 노동부 노동위원회 위라싱 위원장

○ 스리랑카 노동부 노동위원회 근로자준비기금 위라쿤 위원

추가 용역의 내용은 스리랑카의 특수성을 고려하는 방향으로 고려되어야 하므로 스리랑카인이 연구 수행자로 우선시되어야 했고, 국제노동기구 스리랑카 사무소에서 라비 라난 엘리야 박사를 연구 수행자로 추천했다. 라비 박사는 옥스퍼드대학교에서 공공보건학을 공부하고, 하버드대학교에서 경제학 석, 박사를 박은 석학으로서 사회보장 분야에서 국제기구의 연구용역을 많

스리랑카 노사정 태스크 포스팀 결성을 알리는 노동부 공문

산재보험 도입을 위한 스리랑카 노사정 태스크 포스팀 결성 및 1차 태스크 포스팀 회의 개최

이 수행하신 분이라고 했다. 국제노동기구 스리랑카 사무소는 라비 박사를 통해 스리랑카 산재보험, 산전후 휴가 급여 기금, 기초적 사회안전망 구축을 위한 연구라는 세 가지 연구를 수행할 계획이었다.

2012년 12월 14일 콜롬보에 소재한 노동부 차관실에서 스리랑카 노사정 태스크 포스팀 회의가 개최되었다. 회의의 주요 목적은 2012년 8월에 개최된 산재보험에 관한 노사정 워크숍에서 제안된 추가 연구내용에 대해 검토하는 것이었다. 태스크 포스팀에 소속된 사람들 이외에 관련 공무원들, 민간 부문의 전문가들도 배석했다. 국제노동기구에서는 뉴델리 사무소의 마르크스 럭 사회보장 수석전문가와 방콕 사무소의 나 그리고 스리랑카 사무소의 샤피나즈 하센딘 선임 사업담당관과 프라모 사업담당관이 참석했다. 노동부 차관의 회의 개회사 및 환영사로 시작하여 마르크스 사회보장 선임전문가가 산업재해에 대한 보상규약에 대해 국제노동기구의 입장을 설명했고, 나는 추가 연구의 내용에 대해 프레젠테이션을 했다. 같이 배석한 연구 수행 예정자인 라비 박사도 회의에 참석하여 내용을 들었다.

추가 연구의 주요 방향은 2012년 8월에 개최된 스리랑카 노사정 워크숍에서 제기된 노사정의 요청 사항을 최대한 반영해 주는 것이었다. 스리랑카의 특수성을 고려할 필요가 있어서 산재보상과 관련된 스리랑카 현행 제도를 면밀히 살피고, 제안되는 산재보험제도가 어떻게 현행 제도와 조정을 이룰 수 있을 것인가를 찾는 것이었다. 또한 제안되는 산재보험이 스리랑카의 국가 발전 전략에 도움이 되는가와 사업주에게 어떤 유인책을 줄 수 있는지도 살펴보아야 했다. 산재보험을 위한 재원 부담은 사업주에게 생산 비용을 증가시켜 국제 경쟁력을 약화시킬 것이라는 우려도 있었다. 또한 노동계 측에서 제시한 제도운영기구의 모델(첫 연구에서 제도집행기구의 모델로 제시한 한국적인 준정부기구는 스리랑카에는 존재하지 않고 적합하지 않다고 비판함)을 검토해야 했으며, 스리랑카의 데이터를 활용하여 재정 추계 및 재정부담 방식에 따른 요율 재산정도 요구 사항이었다.

사업주 측인 스리랑카 경총 카니쉬카 부회장은 연구용역 내용을 보더니 수락한다고 의사를 표명했다. 또한 사업주들을 상대로 한 현행 보상방식 및 금액, 새로운 제도에 대한 호응도 및 선호하는 보험요율 등의 표본 설문 조사를 실시하자는 의견도 제시되었다. 당시 스리랑카 노동부와 국제노동기구 스리랑카 사무소는 산전후 휴가 수당 급여(Maternity benefit)의 사회보험화 추진을 검토하고 있는 중이었으므로 이 주제도 이후에 같이 진행되게 되었다.

나는 스리랑카 사업과 병행하여 2012년 하반기에는 산재보험과 관련한 다른 일로 국제노동기구의 사회보장 분야 지식공유사이트인 GESS(Global Extension of Social Security)에 산재보험 전문 코너를 개설하는 일을 맡게 되었다. 7월에 전문방의 구조와

국제노동기구 사회보장 지식공유사이트인 GESS 내부의 산재보험 전용코너

내용에 대한 디자인을 했고, 8~10월에 해당 카테고리들의 구체적 내용과 관련된 자료를 정리했으며, 11월에는 하드웨어적으로 방을 제작했고, 내용을 GESS의 산재보험 전문 코너에 모두 올렸다. 하드웨어적 작업에는 당시 프랑스 인턴인 마룡이 도와주었다. 12월에는 국제노동기구 내의 다른 사회보장 직원들의 피드백을 받아 완성하게 되었다.

사회보장의 확대라는 뜻의 GESS의 산재보험 전문 코너는 국제노동기구의 홈페이지 및 지식공유사이트 등을 통틀어 산재보험 분야의 유일한 사이트였고, 당시 스리랑카 사업 추진 및 산재 예방·보상·재활의 연계 방안 연구활동으로 수집 및 제작한 자료들이 많이 포함되었다.

11

추가
연구용역의
시작

　　2012년 12월 중순에 추가 연구용역 내용에 대한 스리랑카 노사정 태스크 포스팀 회의를 통한 합의가 이루어진 후 약 한 달이 지난 2013년 1월 말 정도에야 추가 연구용역 계약과 관련하여 국제노동기구 스리랑카 사무소와 라비 박사가 원장인 보건정책연구원(IHP) 간에 계약 서명이 이루어졌다. 개인이 아닌 기관과의 계약은 국제노동기구 제네바 본부의 승인을 받는 절차를 거쳐야 해서 시간이 걸린 것이라고 들었다.

　　보건정책연구원은 산재보험에 대한 추가 연구용역 이외에 법정 산전후 휴가급여(Maternity benefit)의 도입에 대한 타당성 연구용역 및 스리랑카의 기초적 사회안전망 구축을 위한 연구용역(Assessment for establishing social protection floor in Sri Lanka)의 두 가지 연구용역도 추가 계약해서 병행하게 되었다. 법정 산전후 휴가급여는 법적으로 출산 전후 휴가 동안 직원에게 지급이 보장된 급여를 사업주로부터 재원을 징수하여 기금을 운영해 기금에서 지급하는 제도로 스리랑카에 구축이 필요한 것이었다. 기초적 사회안전망(Social Protection Floor, SPF) 구축은 2009년 이후 범국제연합적 차원으로 접근하여 사회보장 분야에서 주로 주창되어 오고 있으며 국제노동기구를 비롯하여 국제연합의 관련 기관들이 공동으로 각국의 기초적 사회안전망 구축을 위해 많은 활동을 벌이고 있다. 이는 각 나라의 수준을 고려하여 기본적인 의료의 보편적 보장과 소득보장[7]에 초점을 맞춘 사회보장 패키지를 구축하는 것이며 국제노동기구에서는 2012년에 제101차 국제노동총회(ILC)에서 권고 제202조로 채택했다(Social Protection Floors Recommendation, 2012, No. 202). 이는 기존의 각국의 사회보장 확대를 위한 노력이 공식영역(Formal sector)의 근로자(노동법상으로 보장을 받고 통상적으로 노동조합화되어 있는 것이 특징)를 넘어서 비공식 분야 근로자(자영업자, 가사 노동자 등) 및 보편적 일반 국민에게까지 미치지 못하는 한계를 벗어나기

---

7) 소득보장은 구체적으로 근로연령에 대한 기초적 소득 보장, 아동들이 교육 및 충분한 영양 상태를 유지할 수 있도록 하는 가족의 기초적 소득 보장, 노령층에 대한 기초적 소득 보장으로 나뉜다.

위해 만들어진 것이다. 각국마다 이미 기초적 사회보장제도가 부분적으로 존재하기 때문에 영역별로 기존 제도 적용의 사각지대를 메우고(Filling the policy gap), 보상수준이 낮으면 국가의 경제적 상황을 고려하여 높이며, 존재하지 않는 제도는 도입을 위한 설계 및 비용 산정을 하고, 제도가 중복되거나 비효율적이면 조정 및 통합시키는 방법을 취해야 한다. 이러한 정책 설계 및 운영을 위해서는 기초적 사회안전망(SPF)의 틀에서 기존 제도를 먼저 분석해야 한다. 이러한 것들을 위해서 국제노동기구 스리랑카 사무소는 보건정책연구원을 통해 스리랑카의 기초적 사회안전망 구축을 위한 기존 제도 분석 및 설계에 대한 연구를 추가적으로 진행시켰다.

산재보험과 관련해서는 보건정책연구원에서 2013년 3월 말경에 영국법 영향을 받은 아시아·태평양 지역 국가의 산재보상제도에 대한 분석 자료를 제출했다. 이는 스리랑카가 영국의 식민지 시절을 거치면서 사회제도가 영국의 보통법(Common law)의 영향을 받은 특수성을 고려한 것이었다.

유럽의 대륙법 영향을 받은 국가는 대부분 사회보험 형태의 산재보상제도를 운영하지만, 영국 문화의 영향을 받은 국가들 중에 무과실 책임원칙에 바탕을 두고 민간보험 강제가입 등을 통해 사용자 직접 보상제도를 유지하는 국가들이 있다. 스리랑카도 영국 문화의 영향을 받은 국가이므로 스리랑카 산재보험 도입과 관련해 아시아·태평양 지역 내에서 영국 문화의 영향을 받은 국가들의 산재보상 제도를 살펴보는 것이 중요했다. 방글라데시, 스리랑카와 같이 사업주 직접 보상수준의 단계에서 머물고 있는 국가들, 홍콩, 싱가포르, 호주와 같이 민간보험 강제가입 방식으로 운영하고 있는 국가들, 말레이시아처럼 정부가 사회보험 형태로 산재보험제도를 운영하고 있는 국가들, 더 나아가 뉴질랜드처럼 공공기관이 제도를 운영하면서 비업무상 재해에 대해서도 근로자가 재원을 별도로 부담하여 비업무상 재해를 보장하고 일반 국민에 대해서는 조세 부담으로 보편적 보장을 이루고 있는 국가들로 분류할 수가 있다.

민간보험의 경우 본질상 이윤 추구 및 장기적 보험 계리 계산으로 보험요율이 높게 나오고, 보편적 보장은 정부의 재정부담을 초래하므로, 스리랑카의 특수성을 감안하여 말레이시아 모델을 살펴보아 스리랑카에 현실성 있게 접목시키는 것이 좋다는 내용이었다.

12

스리랑카 노사정 태스크 포스팀 2차 회의

2014년 4월 2일에 스리랑카 콜롬보 소재 노동부 차관실에서 노사정 태스크 포스팀 2차 회의가 개최되었고, 연구용역 수행 중인 라비 박사의 중간보고를 받았고, 향후 진행 방향을 논의했다. 나도 이 회의에 참석했다. 회의가 시작되기 전에 라비 박사는 노동부 차관에게 간단한 브리핑을 먼저 해 주었다.

스리랑카와 역사적·노동법적 문화가 유사한 과거 영국 영향권을 받은 국가 중에서 말레이시아가 사업주 직접 보상에서 사회보험적 산재보험으로 전환한 경험 및 현 운영시스템을 추가적으로 연구하기로 노사정이 잠정 결정했으며, 5~6월에 스리랑카 사업주를 상대로 산재보상 실제 지급 형태 및 금액, 근로자신탁기금

(ETF)[8]라는 제도에 산재보상급여와 산전후 휴가급여를 추가로 도입하는 것과 선호하는 요율 정도에 대한 설문지 조사를 실시하기로 했다.

현 스리랑카 근로자신탁기금을 통한 향후 산재보험의 운영으로 잠정적으로 윤곽을 잡았고, 사업주의 요청으로 민간보험의 강제 가입에 의한 산재보험의 운영 시 기대되는 비용, 편익 분석도 병행하여 두 가지 시나리오(근로자신탁기금을 통한 운영 혹은 민간보험 강제가입방식)에서 더 나은 것을 향후 채택하기로 가닥을 잡았다.

나는 4월 초에 스리랑카 출장을 다녀온 이후, 4월 말에는 인도네시아 자카르타에서 개최된 산재보험 직장복귀 관련 국제 세미나에 초청되어 국제노동기구의 발제자 자격으로 관련 내용을 발표했다. 이는 당시 인도네시아 산재보험제도를 운영하던 근로자사

---

8) ETF(Employees Trust Fund)는 제도의 명칭이자 제도를 시행하는 기관의 이름이다. 사업주가 소속 근로자 임금의 3%를 이 제도의 기금으로 납부하며, 해당 근로자에게 적립된 돈은 퇴직 연령에 도달할 경우 이자적립금액과 같이 일시금으로 지급하는 것인데, 수령 연령 도달 전에 사고나 질병으로 장해가 생기거나 사망할 경우 적립한 돈을 수령할 수 있고, 또한 자녀 학자금, 결혼, 병원 치료비 등으로 자금이 필요한 경우에는 적립금 중 일부를 미리 사용할 수 있게 한 제도이다.

회보장청(JAMSOSTEK)[9]이 2014년부터 인도네시아 산재 근로자를 위한 직장복귀 지원프로그램을 시범적으로 실시할 계획을 가지고 있는 데서 비롯되었다. 이와 관련하여 근로자사회보장청은 정책 수립을 위한 기술적 자문 성격의 국제 워크숍을 2013년 4월 25일부터 26일까지 개최하여 인도네시아 내 관련 부처 및 국제노동기구를 포함한 국제 전문가들을 초청했다. 나는 국제노동기구의 발제자로 워크숍에 참석하여 그동안 국제노동기구 산업안전보건팀(SafeWork)과 공동 연구로 시작한 나의 연구인 '아태 지역의 산업재해제도에 있어 예방, 보상, 직장복귀의 연계 구축'에 대해 발표하고 이후 연구자료를 국제노동기구 자카르타 사무소를 통해 인도네시아 근로자사회보장청에 공유해 주었다. 근로자사회보장청은 나의 연구자료의 내용 중에서 예방과 보상의 연계방안 구축과 관련하여 관심을 가지고 이를 인도네시아에서 실현하고자 이후에도 자문을 구해 왔다.

---

9) 인도네시아 근로자사회보장청은 2014년 1월부터 사회보장개혁에 따라 BPJS Ketenagakerjaan로 기관명이 개정되었다. 전국민적 건강보험제도를 운영하는 BPJS kesehatan과 더불어 현재 인도네시아 사회보장제도의 양대 축이 되는 제도이자 운영기관이다.

말레이시아
방문을 통한 말레이시아
모델의 학습

  스리랑카 산재보험 도입 기술지원에 관하여 주위의 관계자 분들과 관심 있는 분들 중에서 이런 질문을 하시는 분이 있다. 한국의 산재보험 모델을 스리랑카에 이식해 주지 않고 왜 말레이시아 모델을 접목하려고 했냐는 것이다. 나는 가능한 질문하신 분의 시각에서 그러한 질문을 이해하고자 노력한다. 나 역시 스리랑카 프로젝트를 수행하기 전까지는 그분들과 비슷한 생각을 가졌기 때문이다.

  더 정확하게 말하면, 1차 연구결과를 가지고 2012년 8월에 스리랑카 노사정 워크숍을 거치고 추가 연구를 시작하면서부터 개도국에 대한 기술지원 활동에 대해 많이 깨닫게 되었고, 이는 아직까지도 나의 소중한 경험이자 자산으로 남게 되었다. 각

나라마다 역사적·문화적 배경이 다르고, 이러한 차이점은 그 나라의 여러 제도들에도 영향을 미치며, 사회보장제도도 그 차이에 바탕을 두고 그 나라의 특수성을 반영하여 발전하게 되는 것이다. 학문의 분야에서 보자면, 한 나라의 제도를 자문하거나 설계하기 위해서는 그 나라의 특수성을 정치경제학적인 관점은 물론 문화인류학적인 관점에서도 접근해야 한다. 때문에 우리나라의 재원과 기술로 상대 국가의 특정 분야 제도에 대해 기술지원을 할 경우 한국의 제도가 우수하다는 다소 편협된 시각으로 한국적 제도를 그대로 상대국에 이식하려는 시도는 많은 시행착오를 일으키고 실패할 가능성이 높다. 제도 도입 이후에 상대국이 그 제도를 운영하는 것도 고려해야 하는데 이는 제도의 지속성(Sustainability)과 관계되는 것이다.

따라서 먼저 해당 분야에 대한 국제적인 기준을 먼저 정리해야 하고, 해당 분야가 세계 각국에서 다양한 모습으로 제도가 구축되고 발전해 온 양상을 이해하고 정리를 해야 한다. 이러한 데이터를 바탕으로 대상국의 특수성과 기존재하는 관련 제도들을 분석하여 대상국에 가장 맞는 모델을 찾아 설계해 주는 것이 중요하다고 생각한다. 이는 벤치마킹하려고 하는 제도가 대상국에 얼마나 접목될 수 있느냐의 관점으로서 제도의 전이성(轉移性, Transferability)의 문제이다. 특정 제도에 대한 국제적 기준, 세계적으로 전개된 제도의 다양한 모습에 대한 데이터, 기술지원 대상국의 특수성 및 기존 제도 분석, 제도의 지속성 및 전이성 등을 총망라한 기술지원 매뉴얼과 노하우를 구축하는 정도에 이르면 기술지원 분야 ODA(공적개발원조)[10]는 어느 정도 단계에 왔다고 판단할 수 있다.

연구용역 수행자인 라비 박사와 함께 말레이시아 산재보험 제도를 집행하는 사회보장청(SOCSO)을 2013년 5월 말에 방문하기로 했다. 국제노동기구 스리랑카 사무소의 사무소장 명의로 라비 박사와 내가 말레이시아 사회보장청을 방문하도록 수락을 요청하는 서한을 사회보장청에 보낸 후 허가를 받아서 2014년 5월 28일에 말레이시아 사회보장청을 방문했다.

말레이시아 사회보장청 방문 시, 의전적 관례로 사회보장청 기관장인 셀바라자를 먼저 접견했는데, 그분은 2012년부터 세계 사회보장협회(ISSA)의 부회장직을 겸임하고 있다고 했다. 국제협력 분야에 관심이 높은 분임을 느낄 수 있었다.

말레이시아 사회보장청의 사회보장 분야 전문 직원 및 보험

---

10) Official Development Assistance의 약자로서 공공개발원조 혹은 정부개발원조라고도 하며, 증여, 차관, 배상, 기술원조 등의 형태를 갖는다. 선진국의 정부기관에 의한 개발도 상국 또는 국제기관에의 원조로서 민간 원조와는 차이가 있다.

말레이시아 사회보장청 기관장과의 접견 모습. 왼쪽부터 나, 라비 박사, 셀바라자 기관장.

계리 전문 직원과 함께 말레이시아의 현 사회보장제도와 산재보험 도입 당시의 역사적 상황 등에 대해 얘기를 나누었고, 역사적 및 문화적 배경이 유사한 스리랑카의 향후 산재보험 도입에 필요한 조언 등을 토론하는 자리를 가졌다.

말에이시아 사회보장법은 국제노동기구의 기술지원으로 1969년에 마련되었고, 1971년에 사회보장청이 설립되는 것과 더불어 산재보험도 도입되었다. 말레이시아 산재보험은 월급이 3,000링 킷(100만 원이 약간 넘는 금액)을 넘는 근로자 및 외국인 이주 노동자는 적용대상에서 제외되며 월급이 3,000링킷 이하로 산재보험이 적용 된 근로자가 이후 이 금액을 넘는 급여를 받더라도 산재보험이 강제 적으로 유지가 되는 시스템이므로 사회진출 당시 고소득 근로자가 아니면 산재보험이 적용된다고 보아야 한다. 고소득으로 적용이 제 외되는 근로자도 사업주 및 근로자의 합의에 따라 산재보험에 가입 할 수 있고, 외국인 이주 노동자의 경우 사업주의 직접보상 방식이 며, 이에 대해 사업주는 민간보험에 가입해야 한다.

　　말레이시아의 산업재해보상과 관련한 법체계는 사회보장 법(Social Security Act)에 의한 보장과 산재보상법(Workers' Compensa-tion Ordinance)에 의한 보장이 있으며, 사회보장청의 적용 대상이 되는 근로자들은 사회보장법을 적용받고, 그 외 근로자 및 외국인 이주 근로자들은 산재보상법을 적용받는 이중적인 장치이다. 월급 이 3천 링킷이면 현재 말레이시아에서는 중간 정도의 소득이며, 정 부는 적용 기준을 5천 링킷으로 상향 조정하는 것을 검토 중에 있 다고 한다.

　　산재보험료는 사업주가 근로자 급여의 1.25%(사업별 차등이 없는 단일 요율)를 사회보장청에 납부하고, 장애급여(유족급여를 포함

하여. 비업무상 재해에 의
한 장애도 포함됨)에 대
한 제도도 사회보장
청이 집행하며 사업
주 및 근로자가 급여
의 0.5%를 각각 납부

말레이시아 사회보장청 방문 시 관련 직원들과 토론하는 모습.

한다. 따라서 사업주
는 사회보장청에 근로자 급여의 1.75%를, 근로자는 0.5%를 납부
하여 총 2.25%가 근로자의 임금에서 원천 공제되어 사회보장청으
로 납부되는 것이다.

산업재해의 경우, 보험급여 신청자는 산재보험 및 장애급여
에 대해 중복 보장을 받을 수는 없으며, 그중 하나를 선택하여야 한
다. 장애급여 제도가 만 60세까지 적용이 가능한 제도이므로 만 60
세를 넘는 근로자는 산재보험을 적용받아야 한다. 사회보장청에서
는 장애급여 제도가 비업무상 재해에 의해 발생된 장애도 보장하
므로 금융권, 사무직 근로자와 같이 산재발생의 가능성이 상대적
으로 낮은 산업에서 산재보험에 대해 느끼는 불만을 어느 정도 낮
출 수 있었다고 말했다.

산재보험의 현행 보험요율은 지금까지 기금의 안정성을 보

이며, 향후에도 이러한 경향은 유지될 것으로 예상되지만 장애급여의 요율은 제도의 지속 및 기금의 안정성을 위해 상향 조정될 필요가 있다고 했다.

말레이시아가 산재보험을 도입할 당시인 1970년대 초반은 정부 이외의 관계 당사자들이 가진 정보 및 목소리가 상대적으로 낮아서 정부가 손쉽게 정책을 도입하고 집행하기가 쉬웠다고 한다. 그러나 지금은 새로운 제도를 도입하려면 관련 당사자들의 이해관계를 다루기가 쉽지 않아서 제도를 도입하는 것이 쉽지 않다고 했다. 실업급여(Unemployment benefit)와 산전후 휴가급여(Maternity benefit)를 사회보장청이 운영하는 사회보장급여에 도입하는 과정이 장기적인 시간과 난항을 겪는 것도 이것 때문이라고 한다.

스리랑카도 역시 정부 이외의 관계 당사자들(사업주 등)의 정보력, 영향력이 이미 커져 버린 시점에서는 산재보험 등과 같이 새로운 제도를 도입하는 것은 이해 당사자들과의 오랜 대화 및 인지도 향상이 필요하고 가장 중요한 것은 정부의 정책 도입 의지라는 생각이 들었다.

14

스리랑카
사업주들에 대한
설문조사의 실시

　　국제노동기구 스리랑카 사무소는 스리랑카의 사회보장 전반에 대한 분석과 더불어 산재보험에 대한 추가 연구를 라비 박사가 원장인 보건정책연구원을 통해 수행하고 있었다. 이는 국제연합 및 국제노동기구에서 사회보장분야에서 중점을 두는 기초적 사회안전망 구축과 관련된 것으로 스리랑카의 현행 사회보장 전반에 대해 분석하고, 필요한 부분에 대한 정책적 조언을 위한 연구를 수행하고 있는 것이었다.

　　비공식 분야 근로자들을 위한 기초적 사회안전망 구축과 공식분야 근로자들을 위한 산재보상급여(Employment injury benefit)와 법정 출산휴가급여(Maternity benefit)를 사회보험료를 재원으로 하는 사회보장제도(Contribution-based social security scheme)로 만들 것을 정부에 향후 공식 제안할 예정이었다.

따라서, 산재보상급여와 법정 출산휴가급여에 대한 사업주가 현재 실질적으로 지출하는 비용 및 실태, 사업주의 새로운 제도에 대한 태도 및 희망하는 요율에 대한 정보를 파악하기 위해 2013년 5~6월에 걸쳐 스리랑카 노동부의 공문으로 라비 박사가 만든 설문지가 표본 대상 사업주들에게 보내졌고, 7~8월에 걸쳐 설문지를 회수하여 이후 설문 결과를 분석하고 있었다.

라비 박사와 5월 말에 말레이시아 사회보장청 방문을 마치고 돌아온 이후 연구용역 초본이 제출된 9월 말까지의 4개월 동안은 라비 박사가 연구용역 초본을 제출하기 전까지는 기다릴 수밖에 없었다. 국제노동기구 스리랑카 사무소 및 라비 박사가 이메일을 통해 가끔 공유해 주는 내용을 통해 진행 경과를 짐작만 하고 있었다.

이 기간 동안 나는 산재보험 훈련 매뉴얼을 만들기 위해 구체적인 계획을 세우고 있었다. 국제노동기구 근무기간이 2013년 12월 말로 종료되는 것을 감안할 때 시간이 많이 없어서 이 매뉴얼 제작도 조속히 진행해야만 했다. 산재보험 훈련 매뉴얼 제작은 당시 국제노동기구 방콕 사무소의 사회보장 전문가였던 발레리 슈미트가 2012년 말에 이야기를 처음 꺼냈는데, 나의 한국에서의 산재보험업무 경력 및 지식과 국제노동기구에서 수행한 스리랑카 프로젝트의 경험을 살려 매뉴얼을 제작해 주도록 요청한 것이었다.

산재보험 훈련 매뉴얼은 산재보험제도 이해 및 운영에 대한 역량강화를 목표로 하는 것이었고, 대상은 노사정 등의 이해 당사자, 산재보험을 운영하는 공무원 등이 될 것으로 예상했다. 국제노동기구는 매뉴얼을 바탕으로 워크숍, 훈련 연수 등을 개최하여 참가한 연수자들의 산재보험에 대한 역량을 높여 해당 국가들의 산재보험의 발전에 기여하여 전체적인 사회보장을 강화하려는 계획을 가지고 있었다. 이러한 차원에서 나는 산재보험 훈련 매뉴얼이 스리랑카에도 도움이 될 것이라고 생각되어 매뉴얼의 구성 및 내용에 많은 신경을 썼다.

2013년 8월 중순에 발레리 사회보장전문가와 회의를 갖고, 2013년 남은 기간 동안 진행할 산재보험 훈련 매뉴얼 제작과 관련한 내용을 협의하여 작업을 실제적으로 시작하게 되었으며, 2013년 12월 31일 내가 국제노동기구를 떠나는 날까지 작업을 계속해서 매뉴얼 초안을 넘겨주고 귀국했다.

매뉴얼은 총 15장으로 구성되었으며 마지막 14, 15장은 보험계리 분야의 실습 부분으로 나보다는 전문 계리사가 직접 작성하여 보완해 줄 필요가 있어서 윤곽만 만들어 주었다. 귀국 이후에 발레리와의 이메일을 통해 확인한 결과, 2014년 하반기에 전문 계리사를 고용하여 매뉴얼의 14, 15장을 보완했고, 2015년에 국제노동기구에서 그 매뉴얼을 출간할 예정이라고 했다. 산재보험 훈련 매뉴얼의 목차 및 모듈별 주제는 다음과 같다.

대목차	소목차	주제
파트 1 산재보험 이해하기 (기본 및 핵심 사항)	모듈 1	산재보험 훈련 매뉴얼 개요
	모듈 2	산재보상제도의 역사적 발전 과정
	모듈 3	사회보장제도로서의 산재보험제도
	모듈 4	산재보험의 핵심 구성 사항
	모듈 5	산재보험과 관련된 국제노동기구 기준
파트 2 산재보험 발전 및 지속성을 위한 내용 (심화 내용)	모듈 6	산재보험의 재정 운영 방법
	모듈 7	산재보험의 운영기관 및 법적 틀
	모듈 8	실행 및 규정 준수의 문제
	모듈 9	산재 예방/보상/직장복귀 간의 연계방안
	모듈 10	산재보상제도상의 노사정 역학관계
	모듈 11	비공식 분야 근로자에 대한 산재보험의 적용확대
	모듈 12	산재보험 급여와 다른 사회보장 급여의 조정
	모듈 13	외국인 이주 노동자에 대한 산재보험의 적용

대목차	소목차	주제
파트 3 가상의 국가에 대한 산재보험 설계 시뮬레이션 (실습 부분)	모듈 14	산재보상제도와 관련된 현행 제도들에 대한 분석
	모듈 15	산재보험의 설계 및 재정 추계 시뮬레이션

스리랑카 사업주들에 대한 설문조사의 실시

추가 연구용역 결과 초본 제출,
수차례의 피드백 및
방글라데시 산재보험 도입 지원 제의

라비 박사는 9월 말에 연구 초안을 제출했다. 초안이어서 완성본 수준의 결과물을 기대할 수는 없었지만 양적으로나 질적으로 미흡했고 연구용역 계약내용을 충분히 반영하지 못했다. 설문지 결과도 사업주들로부터 충분히 회수되지 못했고, 산전후 휴가급여에 비하여 산재보험제도에 대한 사업주의 호응도가 상대적으로 낮은 점도 아쉬웠다. 이는 사업주들의 정책에 대한 인지도가 아직 낮은 데 기인한 것으로 판단되었으며, 설문지 결과 및 연구 초안의 미흡성에 절망할 수는 없는 노릇이었다. 국제노동기구를 떠나기 전까지 최선을 다해 프로젝트를 정리해 줄 필요가 있었다. 여러 가지 각도에서 피드백과 기타 유용한 데이터를 최대한 제공하여 연구용역결과의 수준과 논리적 일관성을 높여야 했으므로 연구 초안에 대한 의견 및 추가 요구 사항, 기타 유용한 자료를 국제노동기구 스리랑카 사무소를 통해 라비 박사의 보건정책연구원에 전달했다. 그로부터 12월 초에 최종 연구 결과본이 나올 때까지 수차례의 수정본과 나의 피드백이 순차적으로 이어졌다. 다음 장인 16장에서 언급하겠지만, 11월 한 달 동안은 보건정책연구원의 산재보험 추가 연구용역 결과에 대해 국제노동기구 제네바 본부의 사회보장팀 직원들과 토론하며 최대한 논리적 방어를 해야만 했다. 만약 이 논리적 방어가 제대로 이루어지지 않으면 그동안의 스리랑카 프로젝트가 수포로 돌아갈 수도 있는 긴박한 시간들이었다. 11월과 12월 초는 하루에 채 몇 시간을 자지도 못하고 보낸 시간들로 기억된다.

보건정책연구원의 산재보험 관련 추가 연구의 최종 결과물에 대해 2013년 12월에 스리랑카 노사정 태스크 포스팀 회의를 개최하여 토론을 가질 계획이 세워졌으며 이에 맞추어 11월 중순경 스리랑카 노동부 차관을 방문단장으로 8명 정도의 노사정 방문단이 말레이시아 사회보장청을 방문할 예정으로 사회보장청에 방문 가능성 여부를 문의하고, 국제노동기구 스리랑카 사무소 및 스리랑카 노동부의 의견을 조율하고 있었으나 말레이시아 사회보장청이 11, 12월에는 내부 일정으로 바빠서 2014년 3월을 제시하여 방문이 연기되게 되었다.

추가 연구용역 결과 초본 제출, 수차례의 피드백 및 방글라데시 산재보험 도입 지원 제의

2013년 10월에는 내가 국제노동기구 내부적으로 방글라데시 라나플라자(Rana Plaza) 공장 지역 건물 붕괴 사고와 관련하여 스리랑카처럼 방글라데시의 산재보험 도입을 위한 국제노동기구의 기술지원 필요성을 제기를 했다. 방글라데시는 산재보험제도가 없는 상황에서 여러 번의 대형 참사가 발생했고, 이에 대한 피해 근로자 및 유족에 대한 보상이 오랫동안 제대로 이루어지지 못하고 있었다. 산업재해에 대한 예방이 우선되어야 하겠지만, 현실적으로는 많은 사고들이 발생하며 이에 대해 보상과 같은 후속적 장치들이 제대로 작동해야 한다. 산재 예방과 보상은 이후 연계 기능을 할 수가 있기 때문이다. 이러한 점은 스리랑카가 왜 산재보험을 도입해야 하는지를 스리랑카 노사정에게 이해시킬 수 있는 사례였고, 2013년 12월 스리랑카 노사정 태스크 포스팀 회의에서 방글라데시 참사로 나의 프레젠테이션을 시작했다.

　　2013년 4월 24일에 발생한 방글라데시 라나플라자 공장 지역 건물 붕괴 사고로 1,129명의 근로자들이 사망하고, 약 2,500명의 직원들이 부상당하는 대규모 참사가 발생했다. 방글라데시는 중국 다음으로 세계 유명 의류 브랜드 회사의 외주 생산을 담당하는 국가였고, 라나플라자는 외주 산업과 관련하여 섬유, 봉제 공장들이 밀집한 건물 형태의 단지였다.

사고 이후 라나플라자 입주업체에 외주 생산을 맡겼던 세계 유명 브랜드 업체들은 참사와 관련하여 위로금을 지급하기 위해 기금을 마련할 것이라고 공약하는 등 자사 브랜드 이미지에 대한 철저한 관리에 신경을 썼고, 국제기구 및 방글라데시 정부, 관련 브랜드 업체는 업무 환경과 관련한 산업재해 예방에 중장기적 대책을 마련하는 등의 움직임을 보였다.

그러나 방글라데시의 산재보상은 사업주 직접 보상방식이었고, 사고 이후 반년이 넘게 시간이 흘렀어도 라나플라자에 입주한 섬유, 봉제 공장 근로자 혹은 유족의 94%가 아직 사업주로부터 법적으로 보장된 산재보상금을 전혀 받지 못하고 있었다.

2004년에 방글라데시에서 발생한 공장 붕괴 사건인 스펙트럼 공장(Spectrum Factory) 붕괴 사고로 인한 보상이 아직까지 제대로 이루어지지 않고 있고, 관련 소송은 아직까지 계속되고 있는 점을 감안한다면 2014년 라나플라자 붕괴 사건의 피해자들에게 언제 산재보상이 이루어질지는 기약이 없는 상황이었다. 피해자의 93%는 여전히 부상에서 고통 받고 있어 직장으로 복귀는 불가능했고, 92%는 심한 정신적 외상을 동반했으며, 이 중에서 절반 넘게는 불면증과 심한 이명 증상에 시달린다고 했다.

이러한 점에서 나는 국제노동기구의 사내 이메일을 통해 방

추가 연구용역 결과 초본 제출, 수차례의 피드백 및 방글라데시 산재보험 도입 지원 제의

글라데시에 대한 산재보험 도입을 위한 기술지원이 이루어져야 한다고 주장했다. 방글라데시를 관할하는 국제노동기구 뉴델리 사무소의 사회보장 선임전문가인 마르크스 럭은 이메일 답장을 통해 나의 의견에 동의하며, 현재는 재해와 직접적으로 관련된 보상에 초점을 맞추고 있고, 장기적으로는 방글라데시 산재보험제도 구축지원에 신경을 쓸 계획이라고 했다. 당시 가능한 방법으로는 캐나다에서 방글라데시에 파견나와 있는 캐나다인 산재보험 전문가와 국제노동기구 제네바 본부의 보험계리 직원이 방글라데시 산재보험 제도 설계를 해 주도록 건의 중인 것으로 확인됐다.

사업주의 입장에서는 산재보험이 도입되어 산재보험료를 납부하면 생산비용이 증가되어 국제 경쟁력이 약화될 것이라는 단기적 안목이 제도 도입의 검토에 지장이 될 것이므로 방글라데시 정부의 확고한 정책 도입 의지가 필요한데, 국제노동기구에서는 산재보험 도입의 필요성을 방글라데시 정부에 지속적으로 제의해야 하고 노사정이 산재보험제도를 도입하도록 인식을 제고시키고 설득을 시켜야 한다고 생각이 들었다.

다행스럽게도 국제노동기구는 2015년에 들어서며, 국제노동기구 본부 차원에서 방글라데시의 산재보험 도입을 위한 필요성과 당위성을 방글라데시 노사정에게 여러 차례의 워크숍 등을 개최하여 알리고 있으며, 산재보험 도입을 위한 기술지원 활동을 준비하고 있다.

추가 연구용역 결과 초본 제출, 수차례의 피드백 및 방글라데시 산재보험 도입 지원 제의

16

국제노동기구
제네바 본부 사회보장팀과의
토론

　　산재보험에 대한 추가 연구를 수행하고 있는 라비 박사의
보건정책연구원은 2013년 9월 말에 연구 초안을 제출했고, 나는
초안에 대한 의견 및 추가 요구 사항을 국제노동기구 스리랑카 사
무소를 통해 연구 수행자에게 전달했다. 보건정책연구원은 나와
수차례의 피드백 및 수정을 주고받는 과정을 거친 후 2013년 11월
에 최종 수정본을 제출했고 나는 또 추가 의견을 작성하여 국제노
동기구 스리랑카 사무소로 보냈다.

　　이즈음에 국제노동기구 스리랑카 사무소에서 스리랑카 산재
보험 추가 연구용역과 관련해서 국제노동기구 제네바 본부의 사회
보장팀의 앤 팀장에게 추가적 설명을 해 줄 것을 나에게 요청했다.

　　보건정책연구원은 스리랑카의 산재보험, 산전후 휴가급여,

기초적 사회안전망의 세 가지 국제노동기구 연구용역들을 수행하고 있었다. 이 중에서 연구 초안이 제일 먼저 나온 산재보험 추가 연구 건에 대해 국제노동기구 사회보장팀에서 검토했는데, 내용이 충분하지 않다는 평가를 내렸고, 국제노동기구 스리랑카 사무소에서 이에 대한 답변을 해 줄 것을 나에게 요청한 것이었다.

앤 팀장에게 이메일을 보내 먼저 나의 소개를 하고, 스리랑카 산재보험 도입 사업 개요와 한국 전문가들에 의한 첫 연구용역 내용 및 추가 연구용역이 시작된 계기 등을 자세하게 설명했고, 추가 연구용역은 일반적인 제도 설계의 성격이 아니라 스리랑카의 특수성을 고려하여 스리랑카에 더 알맞은 산재보험 운영 모델을 찾기 위함이며 스리랑카 사업주에게 제도 도입을 위한 충분한 논리를 제공하는 데 초점이 맞추어져 있다고 설명했다. 앤 팀장은 전체적으로 이해하는 데 도움을 주어 고맙다고 답변했고, 사회보장팀의 보험계리 직원인 히로시와 스리랑카 기술지원 관할인 국제노동기구 뉴델리 사무소의 마르크스 럭과 연구용역 결과물들의 내용에 대해 추가적으로 토의를 해 줄 것을 요청했다.

히로시는 라비 박사의 추가 연구용역 내용이 스리랑카의 산재보험을 설계해 주기에는 미흡하며 오히려 학술적 논문에 가깝다고 비판했고, 나는 추가 연구용역의 취지를 부연 설명하고 김진수 교수님이 작성한 1차 연구용역 결과를 히로시에게 보내 주었다. 이후 1차 연구용역 내용에 대해 검토한 히로시는 대체적으로 내용이 괜찮다고 평가를 내렸지만 재정추계와 관련된 보험요율 산정 방식에 이의를 제기했다. 히로시가 국제노동기구 사회보장팀에서 보험계리사로서 활동하고 있기 때문에 그의 의견을 우선 존중해 주어야 했다.

하지만 동시에 1차 연구용역 내용의 보험요율 산정 방식도 타당한 것이라는 내용으로 반론해야만 했다. 히로시의 지적을 그대로 수용했다가는 스리랑카 산재보험도입 지원 사업은 기약 없이 미루어질 가능성도 있었고, 그동안 나를 비롯하여 관련된 분들의 노력이 물거품으로 돌아갈 수도 있는 순간이었다. 연구용역을 수행하셨던 교수님과 박사님들의 도움을 받을 시간적 여유도 없었으므로 아는 지식을 총동원하여 내가 직접 히로시와 요율산정방식에 대한 논박을 계속해야만 했다. 히로시가 논리적으로 공격하면, 나는 최대한 논리적으로 방어하는 방식이었다. 물론 이 과정은 이메일을 통한 토론으로 이루어졌다. 약 2주간의 설전 끝에 히로시는 본인의 의견을 바꾸지 않았지만 국제노동기구 스리랑카 사무소에서 스리랑카 노동부와 협의하여 기존에 수행되었던 1차 연구용역 결과와 라비 박사의 추가 연구용역 결과를 종합하여 정책 의견을 제출하기로 했으며 12월 중으로 노사정 태스크 포스팀 회의를 개최하여 정책 제안서를 스리랑카 노동부에 제출하기로 가닥을 잡았다.

히로시와 논박을 벌였던 것은 다소 보험계리적인 재정추계로 이 책에서 설명을 하는 데 한계가 있다. 논쟁에 대해 요약하여 설명하자면, 히로시는 스리랑카의 데이터를 활용하여 산재보험 장기재정추계를 내지 않았다는 비판을 하는 것이었다. 1차 연구수행자들은 스리랑카 현지 출장 및 이후 이메일 등을 통해 요율 산정을 위한 데이터를 입수하려고 했지만 산업별 데이터가 충분하지 않고 사업주의 산재사고에 대한 신고의무 준수도가 낮아 입수된 데이터만 가지고 재정추계 및 요율을 산정한다면 잘못된 결론에 도착할 수 있다는 판단을 내렸고 이러한 부족한 데이터를 임의적인 변수로 조정하기에도 무리수가 따랐다.

장기재정추계는 계리학적으로 완전부과방식(Full funded method)으로 장기적 보험급여인 장해연금과 유족연금을 산정하고, 단순부과방식(Pay-as-you-go)으로 단기적 보험급여(요양급여, 휴업급여, 장의비 등)을 산정하는 절충적 방식(Half funded method)으로 재정추계를 한 후 요율을 산정하는 방식이 통상적으로 사용되는데, 변수에 입력될 데이터의 신뢰도와 정확성이 높아야 산정할 수 있는 복잡한 방식이다.

대안으로 전 세계적인 산재보험 운영의 경험적 데이터상 산재보험 산업별 평균요율이 제도 도입 초기에는 서서히 증가하다가 장기적으로는 2% 미만으로 고정화된다는 실증적 데이터와 유럽에서 산재보험이 사회보장제도에서 특화된 대표적인 국가인 독일, 오스트리아, 스위스와 한국과 같이 산재보험을 오래 운영한 역사가 있는 국가들의 산업재해와 관련한 수십 년간 데이터를 역추적하여 스리랑카의 요율을 구한 것이었다. 나는 히로시에게 스리랑카에서 사용할 수 있는 데이터는 산재보험 재정추계를 위해 충분하지 않아 산재보험이 특화되고 운영 역사가 오래된 국가들의 과거 수십 년간 데이터에 의존해서 요율을 산정했다고 설명했다.

　　이에 대해 히로시는 동남아시아 개도국의 과거 산업재해 데이터를 대안으로 사용해서 스리랑카의 요율을 산정해 줄 수 있다고 했지만, 이는 스리랑카 산재보험 요율을 억지로 내기 위한 구색 맞추기 식 재정추계로 보였고, 1차 연구용역 내용상의 요율 산정 방식이 더 논리적인 것으로 생각되었다. 히로시에게는 너무 솔직하게 이런 내용으로 반박할 수는 없는 터라, 최대한 예의와 논리를 갖추어 답장을 보냈다. 마지막까지 나와 히로시는 서로 평행선을 달리며 양보하지 않았지만, 다행히 국제노동기구 스리랑카 사무소와 스리랑카 노동부가 해결해 주었던 것이다. 히로시와 거의 싸움

하듯이 이메일로 2주간 설전을 벌였지만, 그의 전문성과 열정에 존경을 표하고 싶다.

국제노동기구 스리랑카 사무소와 스리랑카 노동부의 결정은 프로젝트가 끝나가는 시점을 고려한 것일 수도 있다. 그러나 새로운 제도 도입과 관련해서 기술적 차원의 완벽성도 중요하지만 더 중요한 것은 스리랑카 노동부의 의지이며 정책 제안 및 추진의 시기적설성(Timeliness)이라고 판단했기 때문이라는 생각이 들었다.

3차 노사정
태스크 포스팀 회의 및
제도 도입 합의

3차 노사정 태스크 포스팀 회의는 2013년 12월에 스리랑카 콜롬보에서 개최되었는데, 마지막 노사정 태스크 포스팀 회의였다. 정확하게 말하면 마지막 회의라고는 할 수 없다. 내가 국제노동기구를 떠난 2013년 12월 31일 이후에도 회의는 계속 소집되었을 테니 말이다. 그러나 나의 입장에서는 당시 12월에 개최된 3차 노사정 태스크 포스팀 회의가 참석할 수 있는 마지막 회의였으므로 비장할 수밖에 없었다. 국제노동기구에서 근무한 3년의 기간을 마무리하는 시간이었기 때문이다.

국제노동기구 스리랑카 사무소와 스리랑카 노동부는 국제노동기구에서 내가 업무를 종료하기 전에 산재보험 도입과 관련한 내용을 마무리짓고자 2013년 12월 20일에 스리랑카 노사정 태스크 포스팀 회의를 콜롬보 소재 노동부 차관실에서 개최했다.

이러한 맥락에서 스리랑카 산재보험 추가 연구용역도 회의에 맞추어 연구 수행자인 라비 박사가 최종 결과물을 회의 전에 제출했다. 나는 회의에 참석하기 위해 한국-국제노동기구 협력사업 프로그램의 조정관을 담당하시던 한국 고용노동부의 김환궁 과장님을 모시고 스리랑카로 출장을 떠났다.

회의는 오후 2시부터 5시까지 개최되었는데, 회의에서 라비 박사는 추가 연구용역 내용(스리랑카적인 맥락에서 산재보험의 필요성 및 스리랑카에 적합한 운영 형태)을 노사정 대표에게 전달했다. 산재보험 도입이 사업주의 생산 비용을 증가시켜 스리랑카의 국제 경쟁력의 약화를 초래할 것이라는 우려를 여러 건의 통계 자료를 들어 반박하는 내용이 특히 인상적이었다. 또한 앞 장에서 이미 설명했듯이, 스리랑카에 기존재하는 근로자신탁기금이라는 제도와 행정 구조를 사용하여 산재보상급여를 추가로 도입하고 이에 대한 재원도 근로자신탁기금의 보험료를 사업주로부터 징수 시 같이 징수하는 방안을 제시했다. 한국의 경우 산재보험제도를 활용하여 숙련된 근로자들이 다시 사업장으로 돌아오도록 하여 생산력을 높였다는 주장도 제기하여 스리랑카도 이 제도를 조속히 도입해야 한다는 의견도 덧붙였다.

라비 박사의 발표에 이어서 나는 프레젠테이션을 통해 방글라데시 라나플라자 붕괴의 사례를 들어 산재보험제도의 필요성, 산재보험 재정 운영 방법과 예방과의 관계, 산재보상제도에서 공보험과 사보험의 행정 비용 비교, 캄보디아의 5년 동안의 산재보험 운영경험과 데이터, 스리랑카의 산재보험과 관련한 정책적 제안 등을 참석한 노사정 대표에게 설명해 주었다. 자세한 내용은 이 책 뒷부분에 별도로 첨부된 "스리랑카 노사정에 최종 제출한 산재보험 정책건의 요약"에 기술되어 있다. 프레젠테이션 도중에 노트북 컴퓨터의 배터리가 모두 소모되어 전원이 꺼져 버리는 일이 발생했는데, 다시 노트북을 교체하기 위해서 시간을 지체하면 회의의 흐름을 끊어 놓을 수 있으므로 컬러 인쇄하여 미리 참석자에게 나누어 준 파워포인트 슬라이드 출력본을 들고 회의실 전체 참석자에게 모두 내 목소리가 들릴 수 있도록 있는 힘을 다해 설명을 계속했다. 그만큼 당시 회의 현장에서의 순간순간이 나에게는 소중했고 급박했던 시간이었다.

프레젠테이션 이후 토론이 이어졌고, 토론이 끝나자 스리랑카 노사정은 산재보험을 도입하는 것으로 의견을 수렴하고, 회의에 참석했던 노동부 차관의 지시로 2014년에 산전후 휴가급여의 연구용역과 이와 관련된 후속 노사정 대화가 마무리되는 대로 산재보험과 같이 정책 입안에 조속히 착수하는 것으로 방향을 잡게 되었다.

　노동부 차관은 회의를 끝마치는 자리에서 나에게 그동안 스리랑카를 위해 많은 공헌을 해 준 점에 깊이 감사한다고 했고, 같이 참석한 한국 고용노동부 김환궁 과장님께도 그동안 적극적으로 뒤에서 한국–국제노동기구 협력 사업을 통해 지원해 준 점에 다시 한 번 감사를 드린다고 했으며, 국제노동기구를 통해 스리랑카 산재보험 도입을 위한 기술지원에 후원을 해 준 대한민국 정부에 대단히 감사드린다고 말하며 끝을 맺었다.

　회의가 공식적으로 끝난 직후 자리에서 일어나기 전에 나의 노트북 컴퓨터를 정리하고 있었는데, 회의에 참석했던 사업주 측인 스리랑카 경총 카니쉬카 부회장이 다가와 악수를 청하며 따뜻한 눈길로 나를 바라보면서 "그동안 스리랑카를 위해 많은 일을 해 주어서 고맙습니다. 또한 오늘 발표하신 내용은 스리랑카 사업주 단체에서 산재보험 제도를 받아들일 수 있을 정도로 설득력이 있었습니다."라고 말했다. 갑작스런 그분의 말에 당황했다. 스리랑카에 출장을 올 때마다 그분을 뵈었지만 매번 회의 때마다 나를 향해 공격적인 눈빛과 말을 한 사람이었기 때문이다. 마지막 회의에서 정중하고 공손한 그 말씀과 모습이 아직도 눈에 선하며 그동안의 노고를 한꺼번에 씻어 주었다.

2011년 10월에 한국에서 개최된 산재보험 초청연수에 참석했던, 스리랑카 노동자 단체 중 하나인 노조연구교육전국연합(NATURE) 투안 사무총장도 당시 회의에 참석했는데, 회의장을 떠나기 전에 나에게 와서 "그동안 수고가 많으셨습니다. 그리고 만약 산재보험 도입과 관련하여 향후 지체되는 일이 생기면 우리 노동계 측에서 행동으로 보여 줄 것입니다."라는 노동계 특유의 강렬한 눈빛으로 말했다. 연세가 일흔에 가까운 노령이신데도 아직도 정정한 기운이 넘쳤다.

이후 방콕으로 돌아와서 남은 일을 정리하며 한국으로 귀국할 준비를 했고 2013년 12월 30일 자정을 넘어 태국의 스와나폼 국제공항을 출발하여 2013년 12월 31일 이른 아침에 한국에 도착했다. 스리랑카 산재보험 도입과 관련하여 보낸 시간들은 지금도 가끔 생생하게 떠오른다. 돌이켜보면 2011년 1월 14일에 태국 방콕에 도착한 이후로 숨 가쁘게 보낸 약 3년간의 세월이었다. 나 혼자서는 절대 할 수가 없었던 일이었고, 관계된 많은 분들의 도움으로 가능할 수 있었다고 생각한다.

진인사대천명盡人事待天命이라고 했던가? 내가 가진 역량을 때로는 넘어서 최선을 다했다는 생각이 들기도 하고 그보다 더한 아쉬움도 남지만 최종적으로 스리랑카의 산재보험 도입까지의 일들은 스리랑카의 노사정이 스스로 마무리지어야 할 과제로 남겨 놓아야 할 것이다. 스리랑카 노동부 차관님의 강한 의지를 보건대, 가까운 장래에 스리랑카에 산재보험이 도입되어 사업주와 근로자 모두가 혜택을 받을 수 있을 것이라는 강한 믿음이 든다.

후기

2014년 1월에 근로복지공단으로 다시 복귀하여 근무를 시작했다. 3년 만에 귀국한 나로서는 한국의 모든 환경은 낯설었고, 다시 시작하는 마음으로 조속히 적응해야 했다. 귀국한 지 한 달이 안 되었을 무렵, 스리랑카 노동부에서 한국 고용노동부 및 근로복지공단으로 스리랑카 산재보험 도입을 위한 기술지원 활동에 대한 감사의 서한을 보냈고, 국제노동기구에 파견되었던 나의 공헌에 대해서도 감사의 뜻을 담았다. 예기치 않은 서한이었지만, 해외에서 3년 동안 근무를 하고 돌아 온 나로서는 간접적으로 스리랑카 노동부가 그동안의 수고를 치하해 주었다는 의미였으므로 감회가 깊었다.

바쁘게 돌아가는 일상 속에서도 한 번씩 스리랑카의 소식이 궁금해지곤 한다. 언제부터인가 구글로 스리랑카의 산재보험 도입 관련 진행 경과를 확인하기 시작했는데, 어느덧 한 달에 두세 번 정도 검색하는 것이 습관이 되어 버렸다.

2014년 3월에는 우연히 국제노동기구 스리랑카 사무소의 메일이 나에게도 공유가 되어 소식을 접할 수가 있었는데, 스리랑카 노동부에서 내각에 산재보험 도입

스리랑카 노동부가 근로복지공단에 보낸 감사 서신

을 위한 정책 보고서를 올해 안으로 상정할 예정이라고 들었다.

2014년 6월 말에는 근로복지공단이 한국에서 개최한 아시아산재보험포럼 제2차 정기총회에 참석한 스리랑카 우팔리 위자야위라 노동부 차관을 만날 수 있었다. 차관님과는 약 반년 만에 다시 만나게 되었기 때문에 무척 반가웠다. 여러 이야기를 나누던 중에 스리랑카 산재보험과 관련된 현재의 상황에 대해 들을 수 있었다. 노사가 정책 입안 전의 마지막 단계에서 힘겨루기를 하고 있고, 최대한 자기들쪽 입장을 반영하기 위해 대립 중이라고

했다. 그리고 필요시 향후에 도움을 더 받을 수 있겠냐고 나의 의향을 물었다. 나는 흔쾌히 언제든 도움이 필요하면 연락해 달라고 말했다.

그리고 스리랑카 노동부 우팔리 차관이 한국에 머무르는 동안에 스리랑카 노동부 수석 차관보가 급하게 휴대폰으로 연락이 와서 차관님 친형이 뇌출혈로 갑자기 사망했다고 알려줬다. 3일장 후에 화장火葬을 하는 스리랑카의 풍습을 감안한다면 친형의 장례식에 참석하기 위해서는 우팔리 차관으로서는 하루 빨리 출국할 필요가 있었다. 내가 항공사로 직접 전화를 걸어 귀국 항공편을 하루 앞당겨 주도록 도와주었고, 이티켓을 출력하여 우팔리 차관이 머무르는 호텔 객실로 보내 주었다. 다음 날 아침 우팔리 차관은 다른 일정 때문에 호텔을 떠나야 하는 나를 손수 배웅을 나와서 감사하다고 말했다. 그동안의 스리랑카에서의 인연에 대한 나의 작은 보답이라고 생각이 들었고, 이렇게 도와줄 수 있게 되어 또한 기뻤다. 친형의 사망에 대한 위로를 다시 한 번 전하면서 나도 작별 인사를 드렸다.

2014년 10월에 라비 박사의 보건정책연구원에서 스리랑카의 산전후 휴가급여를 사회보험 형식으로 도입하는 연구의 최종 결과물이 나온 것을 인터넷에서 확인할 수 있었다. 최종 결과물을 인터넷에 게시하는데 다소 시간이 걸리므로 그 이전에 산전후 휴가급여에 대한 결과가 노사정에 이미 공유가 되었고, 관련 후속 토의가 이루어졌음을 짐작할 수 있었다. 스리랑카 노동부의 원래 계획이 산재보험을 산전후 휴가급여와 같이 정책화시키는 것이었고, 산재보험은 산전후 휴가급여의 연구용역 결과가 나오기까지 반년 넘게 보류되고 있는 셈이었는데, 2014년 10월을 즈음하여 산전후 휴가급여에 대한 최종 연구결과가 나와 조만간 산재보험 도입에 대한 공론화가 있을 것이라는 예상이 들었다.

2014년 10월 2일에 스리랑카 영문 일간지인 더 아일랜드 (The Island)의 홈페이지에 스리랑카에서 산업안전보건 분야의 학자로도 저명한 스리랑카 노동부 와지라 파리페인 노동부 위원장의 인터뷰가 실렸는데, 인터뷰 내용 가운데서 가까운 미래에 스리랑카에 산재보험을 도입할 것을 보여 주는 부분을 아래와 같이 찾을 수 있었다. 인터뷰 형태는 기자가 질문하고 노동부위원장이 답변하는 방식이다.

질문 산업재해가 발생하면, 보험적인 제도로 보장
     받을 수 있는 법적 조항을 스리랑카는 가지
     고 있나요? (In case tragedy should happen, do
     we have legal provisions that ensure insurance
     schemes?)

답변 의무적으로 가입한 보험으로 산재를 보상해 주
     는 것이 없으며 스리랑카는 이와 관련해 다른
     시스템을 가지고 있습니다. (There is no com-
     pulsory injury insurance, but we do have a dif-
     ferent mechanism in this regard.) 그것은 산재보
     상위원회 위원장에 의해 집행되는 산재보상법
     입니다. (It is the Workmen's compensation act
     which is implemented by the Commissioner for
     Workmen's Compensation.) 업무적인 사고에
     기인할 수 있는 부상을 당한 근로자는 누구나
     사업주에게 보상을 청구할 수 있습니다. 그러
     나 많은 근로자들은 이것을 모르고 있습니다.
     (Any worker who sustains injuries attributable to
     occupational accidents is entitled to claim com-

pensation from the employers. However, many workers are unaware of this.) 노동부 차관인 우팔리 위자야위라는 스리랑카 산재보험을 설립하는 것에 매우 관심이 많고 열정적이며 이는 시급을 다투는 긴박한 것입니다. (The Secretary to the ministry of Labour and Labour Relations Upali Wijayaraweera is very keen and passionate of establishing an Employment Injury Insur-ance system in Sri Lanka which is a need of the hour.) 산재보험 제도는 사업주와 근로자 모두에게 이득이 되므로 양측에게 진정으로 윈윈하는 상황이 될 것입니다. (This insurance system will be beneficial to both the employers and the workers and therefore it would be truly a win-win situation for both the employers and the workers.) 우리는 산업화된 국가들에서는 오랫동안 이미 실행되어 왔던 산재보험이 스리랑카에 도입되어야 된다고 진정으로 생각하고 있습니다. (We seriously consider this employment injury insurance should be introduced to Sri Lanka which has been in practice for long years in the industrialized countries.)

질문   작년에 기업들은 개별적인 사회공헌활동으로 40억 루피를 지출했습니다. (The corporate sector last year spent Rs. 4 billion on individual-ly-implemented CSR projects.) 현재는 이러한 돈을 모아 기금화해서 민간 영역에 의해 이루어지고 있는 사회봉사에 더 많은 가치를 보태기 위해 공동적인 노력이 이루어지고 있습니다. (Now there is a coordinating effort to pool these funds and make a unified CSR model to add more value to the social work being done by the private sector.) 산업안전보건을 위해서도 비슷한 기금을 조성하는 것이 가능할까요? (Would it be possible to build a similar fund for OSH?)

답변   예. 물론입니다. (Yes, of course.) 이것은 정확히 노동부 차관인 우팔리 위자야위라가 산재보험을 통해 구현하려고 하는 것입니다. (That is exactly the Labour Secretary Upali Wijayaweera envisages through Employment Injury Insurance.) 산재보험은 재원을 가지게 되고, 노동부가 이 재원의 관리자가 될 것입니다. (This insurance will have a capital and the Labour Ministry will be the custodian of the capital.) 우리는 산재 근로자에게 보상금을 줄 수 있을 뿐만 아니라, 산재 근로자를 위한 직업재활센터를 설립할 수 있고 또한 산재 근로자의 자녀들에게 장학금도 지급할 수 있을 것입니다. (We could provide not only compensation to injured workers but also we could establish occupational rehabilitation centres for injured workers, provide scholarship to children of injured workers.) 저는 자신의 근로자들의 건강과 보건을 보살펴야 하는 책임을 지고 있는 모든 사업주들이 스리랑카에 제안된 산재보험이 설립될 수 있도록 노동부와 협력하라고 강력히 권고합니다. (I strongly recommend all responsible employers who care for their workers safety and health to join hands with the labour ministry in establish- ing the proposed Employment Injury Insurance in Sri Lanka.)

※ 참고

http://www.island.lk/index.php?page_cat=article- details&page=article-details&code_title=111357

이 인터뷰 내용은 나에게는 상당히 고무적인 것이었다. 제도를 도입하기 전에 국내에서 저명한 인사들의 의견을 언론에 실으면서 제도에 대한 국민의 사전 인지도를 높이고 동의를 구하고자 하는 의도로 느껴졌다. 또한 이는 노사정 대표 등과 같은 이해당사자들 간의 이슈에서 이제는 국민들에게 공개시키는 이슈 공론화 단계에 접어들었음을 보여 준다는 생각이 들었다.

이 인터뷰를 통해 스리랑카에 멀지 않아 산재보험이 도입될 것이며, 이를 위한 스리랑카 노동부 차관의 의지가 아주 높음을 다시 한 번 느낄 수가 있었다.

나는 요즘도 가끔 구글을 검색하여 스리랑카 산재보험 도입에 대한 경과를 살펴본다. 이는 내가 2011년부터 2013년까지 3년간 추진해 왔던 프로젝트의 결과를 보고 만족하기 위해서라기보다는 산재보험이라는 의미 있는 제도가 스리랑카에 도입되어 이 제도의 혜택을 누리는 스리랑카 사람들의 행복한 모습을 보고 싶어서라고 말하고 싶다.

스리랑카 노사정에
제의한 산재보험 정책 건의 요약

현행 사용자 직접 배상제도에서 산재보험으로의 전환 필요성

스리랑카 산재보상법에 명시된 법정급여와 사업주의 설문조사를 통해 파악된 실보상액은 국제노동기구 기준의 10% 수준이며, 중진국 타국가중에서도 최하위임.

산재보상급여의 상승 및 사업주의 산재보험료 납부가 스리랑카 기업들의 국제 경쟁력을 저하시킨다는 주장은 실증적 연구결과, 근거가 없음.

산재보험을 도입하면, 사업주는 숙련 근로자를 유지할 수 있는 장점이 있고 스리랑카의 국가발전정책 및 증가하는 보상수요를 충족시킴.

분야별 산재보험 정책 건의

산재보상 급여 수준 향상

- 국제노동기구 최소 기준에 부합되는 수준으로 임금손실에 대한 법정 급여를 향상함. 요양급여는 공공병원을 통한 무상의료시스템인 현 제도를 활용함.
- 휴업급여 및 영구적인 100% 상실율에 해당하는 장해급여는 임금의 60%, 유족급여는 임금의 50%를 보전하는 수준으로, 장해/유족급여는 연금제도 도입

산재보상 급여지급 기준 등

- 스리랑카가 1934년부터 근로자재해보상법을 운영하고 산재보상위원회를 통한 판례가 축적된 경험을 존중하여, 현 보상법의 급여지급 기준을 유지. 국제노동기구 기준

상 통근 중 재해에 대한 업무상 인정 범위를 회원국 관련
법에 명시하도록 되어 있으나, 스리랑카 관련법에 명시가
없어 이를 명시할 필요 있음.

※ 통근 중 재해 인정범위와 관련한 순차적 혹은 일괄적 접근
중에서 스리랑카 노사정이 선택할 문제이지만, 보험제도
운영초기 재정안정화를 위해 순차적 접근을 제안함.

산재보험 적용 대상

– 현행 근로자신탁기금에 적용되는 모든 근로자들(근로자 1
인 이상 사업장)이며, 다른 법으로 업무상 재해 보상이 규정
된 근로자는 제외함. 자영업자의 경우, 임의가입에 의해
적용이 가능함

산재보험 재원 조달 및 재정운영 관련

– 근로자 임금의 0.5~0.8%를 사업주가 산재보험 재원으로
납부하며, 제도 운영 초기에는 행정 간이화 및 사업주의
비용 예측 등을 위해 단일 요율제 사용

※ 1. 동 요율은 요양급여를 제외한 재정추계 결과이며, 재
정추계 방법은 혼합방식(단순부과방식과 완전부과방식의 사이